十三經古注

〔漢〕鄭玄等注

八

春秋穀梁傳

中華書局

本册目録

春秋穀梁傳
春秋穀梁傳序……一七六五
春秋穀梁傳目録……一七六七
卷一
隱公元年至三年……一七六九
卷二
隱公四年至十一年……一七七五
卷三
桓公元年至七年……一七八一
卷四
桓公八年至十八年……一七八七
卷五
莊公元年至十八年……一七九三
卷六
莊公十九年至三十二年……一八〇三
閔公元年至二年……一八一〇
卷七
僖公元年至五年……一八一三
卷八
僖公六年至十八年……一八一九
卷九
僖公十九年至三十三年……一八二七
卷十
文公元年至八年……一八三七
卷十一
文公九年至十八年……一八四三
卷十二
宣公元年至十八年……一八四九
卷十三
成公元年至八年……一八五九
卷十四
成公九年至十八年……一八六五
卷十五
襄公元年至十五年……一八七一
卷十六
襄公十六年至三十一年……一八七九
卷十七
昭公元年至十三年……一八八七

卷十八
昭公十四年至三十二年……一八九五
卷十九
定公元年至十五年……一九〇三
卷二十
哀公元年至十四年……一九一三

［著者小傳］范甯，晉順陽人。字武子。少篤學，官至豫章太守。勤學不輟，以《春秋穀梁》未有善釋，沈思積年，爲之集解。其義精審，爲世所重。

春秋穀梁傳

四部備要

經部

上海中華書局據永懷堂本校刊

桐鄉　陸費逵總勘
杭縣　高時顯
　　　吳汝霖輯校
杭縣　丁輔之監造

春秋穀梁傳序

晉范　甯武子撰

昔周道衰陵，乾綱絶紐禮壞樂崩彝倫攸斁弑逆篡盜者國有淫縱破義者比肩是以妖災因釁而作民俗染化而遷陰陽爲之愆度七曜爲之盈縮川岳爲之崩竭鬼神爲之疵厲故父子之恩缺則小弁之刺作君臣之禮廢則桑扈之諷興夫婦之道絶則谷風之篇奏骨肉之親離則角弓之怨彰君子之路塞則白駒之詩賦天垂象見吉凶聖作訓紀成敗欲人君戒慎厥行增修德政蓋誨爾諄諄聽我藐藐履霜堅冰所由者漸四夷交侵華戎同貫幽王以暴虐見禍平王以微弱東遷征伐不由天子之命號令出自權臣之門故兩觀表而臣禮亡朱干設而君權喪下陵上替僭逼理極天下蕩蕩王道盡矣孔子覩滄海之横流迺喟然而歎曰文王既沒文不在茲乎言文王之道喪興之者在己於是就大師而正雅頌因魯史而修春秋列黍離於國風齊王德於邦君所以明其不能復雅政化不足以被羣后也於時則接乎隱公故因茲以託始該二儀之化育贊人道之幽變舉得失以彰黜陟明成敗以著勸誡拯頹綱以繼三五鼓芳風以扇遊塵一字之褒寵踰華衮之贈片言之貶辱過市朝之撻德之所助雖賤必申義之所抑雖貴必屈故附勢匿非者無所逃其罪潛德獨運者無所隱其名信不易之宏軌百王之通典也先王之道既弘麟感化而來應因事備而終篇故絶筆於斯年成天下之事業定天下之邪正莫善於春秋春秋之傳有三而爲經之旨一臧否不同褒貶殊致蓋九流分而微言隱異端作而大義乖左氏以鬻拳兵諫爲愛君文公納幣爲用禮穀梁以衞輒拒父爲尊祖不納子糾爲内惡公羊以祭仲廢君爲行權妾母稱夫人爲合正以兵諫爲愛君是人主可得而脅也以納幣爲用禮是居喪可得而婚也以拒父爲尊祖是爲子可得而叛也以不納子糾爲内惡是仇讎可得而容也以廢君爲行權是神器可得而闚也以妾母爲夫人是嫡庶可得而齊也若此之類傷教害義不可强通者也凡傳以通經爲主經以必當爲理夫至當無二而三傳殊説庸得不棄其所滯擇善而從乎既不俱當則固容俱失若至言幽絶擇善靡從庸得不竝舍以求宗據理以通經乎雖我之所是理未全當安可以得當之難而自絶於希通哉而漢興以來瓌望碩儒各信所習是非紛錯準裁靡定故有父子異同之論石渠分爭之說廢興由於好惡盛衰繼之辯訥斯蓋非通方之至理誠君子之所歎息也左氏豔而富其失也巫穀梁清而婉其失也短公羊辯而裁其失也俗若能富而不巫清而不短裁而不俗則深於其道者也故君子之於春秋沒身而已矣升平之末歲次大梁先君北蕃迴軫頓駕于吳乃帥門生故吏我兄弟子姪研講六籍次及三傳左氏則有服杜之注公羊則有何嚴之訓釋穀梁傳者雖近十家皆膚淺末學不經師匠辭理典據既無可觀又引左氏公羊以解此傳文義違反斯害也已於是乃商略名例敷陳疑滯博示諸儒同異之說昊天不弔大山其頽匍匐墓次死亡無日日月逾邁跂及視息乃與二三學士及諸子弟各記所識并言其意業未及終嚴霜夏墜從弟彫落二子泯沒天實喪予何痛如之今撰諸子之言各記其姓名名曰春秋穀梁傳集解

春秋穀梁傳目錄

卷一
隱公　盡三年
卷二
隱公　盡十一年
卷三
桓公　盡七年
卷四
桓公　盡十八年
卷五
莊公　盡十八年
卷六
莊公　盡三十二年
閔公　盡二年
卷七
僖公　盡五年
卷八
僖公　盡十八年
卷九
僖公　盡三十三年
卷十
文公　盡八年
卷十一
文公　盡十八年
卷十二
宣公　盡十八年
卷十三
成公　盡八年
卷十四
成公　盡十八年
卷十五
襄公　盡十五年
卷十六
襄公　盡三十一年
卷十七
昭公　盡十三年
卷十八
昭公　盡三十二年
卷十九
定公　盡十五年

卷二十

哀公　盡十四年

春秋穀梁傳目錄

春秋穀梁傳卷一

晉豫章太守順陽范　甯集解

明　後學　東吳金　蟠較訂

隱公

元年春王正月（隱公之始年周王之正月也杜預曰凡人君即位欲其體元以居正故不言一年一月也）

【傳】雖無事必舉正月謹始也（謹君即位之始）公何以不言即位（據文公言即位）成公志也（成隱讓桓之志）焉成之言君之不取爲公也（言隱意不取爲魯君也公君也上言君下言公互辭○爲於虔反）君之不取爲公何也將以讓桓也讓桓正乎曰不正（隱長桓幼）春秋成人之美不成人之惡隱不正而成之何也將以惡桓也（不明讓者之善則取者之惡不顯○之惡烏各反惡桓烏路反）其惡桓何也隱將讓而桓弒之則桓惡矣桓弒而隱讓則隱善矣善則其不正焉何也（據善無不正）春秋貴義而不貴惠（惠謂私惠）信道而不信邪（信申字古今所共用）孝子揚父之美不揚父之惡先君之欲與桓非正也邪也雖然既勝其邪心以與隱矣（終歸之於隱是以正道制邪心）己探先君之邪志而遂以與桓則是成父之惡也兄弟天倫也（兄先弟後天之倫次）爲子受之父爲諸侯受之君（隱爲世子親受命於惠公爲魯君已受之於天王矣）己廢天倫而忘君父以行小惠曰小道也（弟先於兄是廢天倫私以國讓是忘君父）若隱者可謂輕千乘之國蹈道則未也（未履居正之道）

三月公及邾儀父盟于眛（邾附庸之國眛魯地○邾音誅儀父凡人名字皆音甫後放此眛左氏作蔑）

【傳】及者何內爲志焉爾（內謂魯也）儀字也父猶傅也男子之美稱也（傳師傅附庸之君未王命例稱名善其結信於魯故以字配之）其不言邾子何也（據莊十六年邾子卒稱邾子）邾之上古微未爵命於周也（邾自此以上是附庸國○上時掌反）不日其盟渝也（日者所以謹信）（盟變故不日七年公伐邾是也）眛地名也

夏五月鄭伯克段于鄢（段有徒衆攻之爲害必深故謹而月之鄢鄭地○鄢音偃）

【傳】克者何能也何能也能殺也何以不言殺見段之有徒衆也（言鄭伯能殺則邦人不能殺矣知段衆力彊盛唯國君能殺之）段鄭伯弟也何以知其爲弟也殺世子母弟目君以其目君知其爲弟也（母弟同母弟也目君謂稱鄭伯）段弟也而弗謂弟公子也而弗謂公子貶之也段失子弟之道矣賤段而甚鄭伯也（賤段謂不稱公子公弟甚鄭伯謂目君也）何甚乎鄭伯甚鄭伯之處心積慮成於殺也（雍曰段恃寵驕恣彊足當國鄭伯不能防閑以禮教訓以道縱成其罪終致大辟處心積思志欲殺弟○辟婢亦反思息吏反）于鄢遠也猶曰取之其母之懷中而殺之云爾甚之

也。段奔走乃至于鄢，去已遠矣，鄭伯猶追殺之，何以異於探其母懷中赤子而殺之乎。君殺大夫例不地，甚鄭伯之殺弟，故謹其地。然則爲鄭伯者宜奈何？緩追逸賊，親親之道也。君親無將，將而必誅焉。此蓋臣子之道，所犯在己，故可以申兄弟之恩。

秋，七月，天王使宰咺來歸惠公仲子之賵。宰，官。咺，名。仲，字。子，宋姓也。婦人以姓配字，明不忘本，示不適同姓也。妾子爲君，賵當稱謚，成風是也。仲子乃孝公時卒，故不稱謚。賵例時，書月，以謹其晚。○咺，況阮反，註同。賵，芳鳳反。

傳 母以子氏。妾不得體君，故以子爲氏。平王新有幽王之亂，遷于成周，欲崇禮諸侯。仲子早卒，無由追賵，故因惠公之喪而來賵之。仲子者何？惠公之母，孝公之妾也。禮，賵人之母則可，賵人之妾則不可，君子以其可辭受之。其志，不及事也。常事不書。賵者何也？乘馬曰賵，衣衾曰襚，貝玉曰含，錢財曰賻。四馬曰乘。含，口實。○乘，繩證反。襚音遂。含，戶暗反，又作唅。賻音附。

九月，及宋人盟于宿。

傳 及者何？內卑者也。宋人，外卑者也。卑者之盟不日。卑者，謂非卿大夫也。凡非卿大夫盟，信之與不，例不日。宿，邑名也。

冬，十有二月，祭伯來。○祭，側界反。

傳 來者，來朝也。其弗謂朝何也？寰內諸侯，非有天子之命，不得出會諸侯。不正其外交，故弗與朝也。天子畿內大夫有采地謂之寰內諸侯。○寰音縣，古縣字，一音寰，又音患。聘弓鍭矢不出竟場，束脩之肉不行竟中，有至尊者，不貳之也。聘遺所以結二國之好，將彼我之意，臣當稟命於君，無私朝聘之道。○鍭音侯，又音侯。竟，本或作境。場音亦。遺，唯季反。好，呼報反。

公子益師卒。

傳 大夫日卒，正也。君之卿佐，是謂股肱。股肱或虧，何痛如之，故錄其卒日以紀恩。不日卒，惡也。惡故略之。

二年，春，公會戎于潛。凡年首月承於時，時承於年，文體相接。春秋因書王以配之，所以見王者上奉時承天而下統正萬國之義。然春秋記事有例時者，若事在時，則時而不月；月繼事末，則月而不書王。書王必皆上承春而下屬於月，文表年始，事莫之先，所以致恭而不黷者。他皆放此。唯桓有月無王，以見不奉王法。爾南蠻、北狄、東夷、西戎，皆底羌之別種。潛，魯地。會例時。○底，本又作氐。

傳 會者，外爲主焉爾。知者慮，○察安審危。○知音智。義者行，臨者能斷。仁者守。衆之所歸，守必堅固。有此三者，然後可以出會。會戎，危公也。無此三者，不可以會，而況會戎乎。

夏，五月，莒人入向。入例時，惡甚則日，次惡則月，他皆放此。○向，舒亮反。惡，烏各反，並同。

傳 入者，內弗受也。入無小大，苟不以罪，則義皆不可受。向，我邑也。自魯而言，故曰我也。

無侅帥師入極。

（二千五百人爲師○伎音該又戶楷反左氏作駭）

傳入者內弗受也極國也（諱滅同姓故變滅言入傳例曰滅國有三術中國日卑國月夷狄時極蓋卑國也內謂所入之國非獨魯也）苟焉以入人爲志者人亦入之矣不稱氏者滅同姓貶也

秋八月庚辰公及戎盟于唐（傳例曰及者內爲志焉爾唐魯地）

九月紀履緰來逆女（不親逆例月重錄之親迎則例時○緰音須左氏作裂繻）

傳逆女親者也（親者謂自逆之也）使大夫非正也以國氏者爲其來交接於我故君子進之也（傳例曰當國以國氏卑者以國氏進大夫以國氏國氏雖同而義各有當公子公孫篡君代位故去其氏族國氏以表其無禮齊無知之徒是也若庶姓微臣雖爲大夫不得爵命無代位之嫌既不書其氏族當知某國之臣故國氏以別之宋萬之倫是也履緰以名繫國著其奉國重命來爲君逆得接公行禮故以國氏重之成九年宋不書逆女以其逆者微今書履緰亦足知其非卑者公羊傳曰春秋貴賤不嫌同號美惡不嫌同辭左氏舍族之例或厭以尊君或貶以著罪此傳隱公去即位以明讓莊公去即位以表繼弒文同而義異者甚衆故不可以一方求之○爲其于僞反註來爲同有當丁浪反美惡烏路反厭於葉反）

冬十月伯姬歸于紀（伯姬魯女）

傳禮婦人謂嫁曰歸反曰來歸（嫁而曰歸明外屬也反曰來歸明從外至反謂爲夫家所遣）從人者也婦人在家制於父既嫁制於夫夫死從長子婦人不專行必有從也伯姬歸于紀此其如專行之辭何也曰非專行也吾伯姬歸于紀故志之也其不言使何也（怪不言使履緰來逆女）逆之道微無足道焉爾（言君不親迎而大夫來逆故曰微也既失其大不復稍明其細故不言使履緰也）

紀子伯莒子盟于密（密莒地○子伯左氏作子帛）

傳或曰紀子伯莒子而與之盟（紀子以莒子爲伯而與之盟伯長也）或曰年同爵同故紀子以伯先也（年爵雖同紀子自以爲伯而先）

十有二月乙卯夫人子氏薨（夫人薨例日夫人曰薨從夫稱）

傳夫人薨不地（夫人無出竟之事薨有常處）夫人者隱之妻也卒而不書葬夫人之義從君者也（隱弒賊不討故不書葬）

鄭人伐衛（傳例曰斬樹木壞宮室曰伐伐例時）

三年春王二月己巳日有食之（杜預曰日行遲一歲一周天月行疾一月一周天一歲凡十二交會然日月動物雖行度有大量不能不小有盈縮故有雖交會而不食者或有頻交而食者唯正陽之月君子忌之故有伐鼓用幣之事京房易傳曰日者陽之精人君之象驕溢專明爲陰所侵則有日有食之災不救必有篡臣之萌）

其教也君懷謙虛下賢受諫任德日食之災爲消也○爲消于僞反

傳言日不言朔食晦日也其日有食之何也吐者外壤食者內壤凡所吐出者其壤在外其所呑咽者壤入於內○壤而丈反闕然不見其壤有食之者也今日闕損而不知壤之所在此必有物食之有內辭也或外辭也邵曰食者內壤故曰內辭吐者外壤故曰外辭傳無外辭之文者蓋時無外壤也而曰或外辭者因事以明義閔爾猶傳云三穀不升謂之饉四穀不升謂之康亦無其事有食之者內於日也內於日以壤不見於外其不言食之者何也知其不可知知也

三月庚戌天王崩平王也

傳高曰崩梁山崩厚曰崩沙鹿崩尊曰崩天子之崩以尊也其崩之何也以其在民上故崩之其不名何也大上故不名也夫名者所以相別爾居人之大在民之上故無所名

夏四月辛卯尹氏卒文三年王子虎卒不日此日者錄其恩深也○尹左氏作君

傳尹氏者何也天子之大夫也外大夫不卒此何以卒之也於天子之崩爲魯主故隱而卒之隱猶痛也周禮大行人職曰若有大喪則詔相諸侯之禮然則尹氏時在職而詔魯人之弔者不書官名疑其譏世卿

秋武氏子來求賻天王使不正稱月今無君不稱使故亦略而書時

傳武氏子者何也天子之大夫也天子之大夫其稱武氏子何也未畢喪孤未爵平王之喪在殯未爵使之非正也其不言使何也據桓十五年天王使家父來求車稱使無君也桓王在喪未即位故曰無君歸死者曰賵歸生者曰賻曰歸之者正也求之者非正也喪事無求而有賵賻周雖不求魯不可以不歸魯雖不歸周不可以求之求之爲言得不得未可知之辭也交譏之

八月庚辰宋公和卒天子曰崩諸侯曰薨大夫曰卒周之制也春秋所稱曲存魯史之義內稱公而書薨所以自尊其君則不得不略外諸侯書卒以自異也至於既葬雖邾許子男之君皆稱謚而言公各順臣子之辭兩通其義鄭君曰禮雜記上曰君薨赴於他國之君曰寡君不祿敢告於執事曲禮下曰壽考曰卒短折曰不祿君薨赴而云不祿者臣子之於君父雖有壽考猶若短折痛傷之至也若赴稱卒是以壽終無哀惜之心非臣子之辭鄰國來赴書以卒者無老無幼皆以成人之稱亦所以相尊敬

傳諸侯日卒正也正謂承嫡

冬十有二月齊侯鄭伯盟于石門傳例曰外盟不日石門齊地

癸未葬宋繆公

傳日葬故也危不得葬也天子七月而葬諸侯五月而葬大夫三月而葬傳例曰諸侯時葬正也月葬故也日者憂危最甚不得備禮葬也他皆放此徐邈曰文元年傳曰葬

日會言有天子諸侯之使共赴會葬事故凡書葬皆據我而言葬彼所以不稱宋葬繆公而言葬宋繆公者弔會之事賵襚之命此常事無所書故但記卒記葬錄魯之恩義之所及則哀其喪而恤其終亦可知矣若存沒隔絕情禮不交則卒葬無文或有書卒不書葬蓋外雖赴卒而內不會葬無其事則闕其文史策之常也穀梁傳稱變之不葬有三弒君不葬國滅不葬失德不葬言夫子修春秋所改舊史以示義者也弒君之賊天下所當同誅而諸侯不能治臣子不能討雖葬事是供義何足算亡國之君喪事不成則不應書葬失德之主無以守位故沒葬文傳於宋襄公著失民之咎宋共公以發非葬之問言伯姬賢而不答共公不能弘家人之禮然則爲君者外之不足以全國內之不足以正家皆所謂失德而終禮宜貶者也于時諸國多失道不可悉去其葬故於二君示義而大體明矣○繆本亦作穆共公音恭

春秋穀梁傳卷一

春秋穀梁傳卷二

晉豫章太守順陽范甯集解

明後學東吴葛鼒較訂

隱公

四年。春。王二月。莒人伐杞。取牟婁。傳例曰取易辭也伐國不言圍邑言圍邑皆有所見伐國及取邑例時此月者蓋為下戊申衛君完卒日起也凡例宜時而不書月者皆緣下事當日故也日必繼於月故不得不書月事實在先故不得後錄也他皆放此

傳傳曰。言伐言取。所惡也。稱傳曰者穀梁子不親受于師而聞之於傳者既伐其國又取其土明伐不以罪而貪其利兩書取伐以彰其惡諸侯相伐取地。於是始。故謹而志之也。春秋之始

戊申。衛祝吁弒其君完。弒君日與不日從其君正與不正之例也祝吁衛公子○祝左氏公羊作州

傳大夫弒其君。以國氏者。嫌也。弒而代之也。凡非正嫡則謂之嫌

夏。公及宋公遇于清。遇例時清衛地

傳及者。內為志焉爾。元年與宋人盟于宿故今復尋之遇者。志相得也。八年傳曰不期而會曰遇今日內為志非不期也然則遇有二義

宋公。陳侯。蔡人。衛人。伐鄭。

秋。翬帥師會宋公。陳侯。蔡人。衛人。伐鄭。○翬音暉

傳翬者何也。公子翬也。其不稱公子何也。據莊三年公子慶父帥師伐於餘邱稱公子貶之也。杜預曰外大夫貶皆稱人內大夫貶皆去族稱名記事之體他國可言某人而己之卿佐不得言魯人何為貶之也。與于弒公。故貶也。○與音預

九月。衛人殺祝吁于濮。濮陳地水名

傳稱人以殺。殺有罪也。有弒君之罪者則舉國之人皆欲殺之祝吁之挈。失嫌也。不書氏族提挈其名而道之也眾所同疾威力不足以自固失當國之嫌其月。謹之也。討賊例時也衛人不能即討祝吁致令出入自恣故謹其時月所在以著臣子之緩慢也于濮者。譏失賊也。譏其不即討乃令至濮

冬。十有二月。衛人立晉。立納入皆篡也大國篡例月小國時

傳衛人者。眾辭也。立者。不宜立者也。嗣子有常位故不言立晉之名。惡也。惡謂不正其稱人以立之何也。得眾也。得眾則是賢也。賢則其曰不宜立何也。春秋之義。諸侯與正而不與賢也。雍曰正謂嫡長也夫多賢不可以多君無賢不可以無君立君非以尚賢所以明有統也建儲非以私親所以定名分名分定則賢無亂長之階而自賢之禍塞矣君無嬖幸之由而私愛之道滅矣

五年春公觀魚于棠 傳例曰公往時正也正謂無危事耳棠魯地○觀魚左氏作矢魚

傳 傳曰常事曰視 視朔之類是 非常曰觀 觀魚之類是 禮尊不親小事卑不尸大功 尸主 魚卑者之事也 周禮𩾲人中士下士○𩾲音魚 公觀之非正也

夏四月葬衛桓公

傳 月葬故也 有祝吁之難故十五月乃葬

秋衛師入郕 ○郕音成

傳 入者內弗受也郕國也將卑師衆曰師 書其重者也將卑謂非卿○將子匠反

九月考仲子之宮 失禮宗廟功重者月功輕者時莊二十三年秋丹桓宮楹是也

傳 考者何也考者成之也成之為夫人也 立其廟世祭之成夫人之禮 禮庶子為君為其母築宮使公子主其祭也 公當奉宗廟故不得自主也公子者長子之弟及妾之子○為于偽反長丁丈反 於子祭於孫止 貴賤之序 仲子者惠公之母隱孫而修之非隱也 非責也三年父喪畢不於三年考者又有天王崩至此服竟乃修之

初獻六羽 翟羽舞者所執獻者下奉上之辭作之於廟故言獻

傳 初始也 遂以為常 穀梁子曰舞夏天子八佾諸公六佾諸侯四佾 言穀梁子者非受於師自其意也夏大也大謂大雉大雉翟雉佾之言列八人為列又有八列八八六十四人也並執翟雉之羽而舞也天子用八八象八風諸公用六六降殺以兩也不言六佾者言佾則羽在其中明婦人無武事獨奏文樂○佾音逸殺色界反 初獻六羽始僭樂矣 下犯上謂之僭 尸子曰舞夏自天子至諸侯皆用八佾初獻六羽始厲樂矣 言時諸侯僭侈皆用八佾魯於是能自減厲而始用六穀梁子言其始僭尸子言其始降

邾人鄭人伐宋 邾主兵故序鄭上

螟 ○螟亡丁反

傳 蟲災也甚則月不甚則時 甚則即盡不及歷月禮月令曰仲春行夏令則蟲螟為害

冬十有二月辛巳公子彄卒 杜預曰大夫書卒不書葬葬者自其臣子事非公家所及○彄苦侯反

傳 隱不爵命大夫其曰公子彄何也 據八年無駭卒不稱公子 先君之大夫也 隱不成為君故不爵命大夫公子不為大夫則不言公子也

宋人伐鄭圍長葛 長葛鄭邑圍例時

傳 伐國不言圍邑 據莊二年公子慶父帥師伐於餘邱不言圍也伐國不言圍邑

書其重也。此其言圍何也？久之也。宋以此冬圍之，至六年冬乃取之。古者師出不踰時，重民之命，愛民之財。乃暴師經年，僅而後克，無仁隱之心，而有貪利之行，故圍伐兼舉以譏之。○暴本或作曝，行下孟反。伐不踰時，戰不逐奔，誅不填服。來服者不復填厭之。○填音田，厭於甲反。苞人民、毆牛馬曰侵，斬樹木、壞宮室曰伐。制其人民，毆其牛馬，賊去之後，則可還反；樹木斬，不復生，宮室壞，不自成，故其爲害重也。

六年，春，鄭人來輸平。杜預曰：和而不盟曰平。○輸平，左氏作渝平。

傳輸者，墮也。平之爲言以道成也。來輸平者，不果成也。春秋前，魯與鄭平。四年，翬與宋伐鄭，故來絕魯，壞前平也。

夏，五月，辛酉，公會齊侯盟于艾。艾，魯地。隱行皆不致者，明其當讓也。

秋，七月。無事書首月，不遺時也。他皆放此。

冬，宋人取長葛。前年冬圍，至今乃得之。上有伐鄭圍長葛，言長葛，則鄭邑可知，故不繫之鄭。

傳外取邑不志，此其志何也？久之也。

七年，春，王三月，叔姬歸于紀。叔姬，伯姬之娣，至此歸者，待年於父母之國，六年乃歸。媵之爲言送也，從也，不與嫡俱行，非禮也。親逆例時，不親逆例月。許慎曰：姪娣年十五以上能共事君子，可以往，二十而御。易曰：歸妹愆期，遲歸有待。詩云：韓侯取妻，諸娣從之，祁祁如雲。娣必少於嫡，知未二十而往也。○媵，以證反，又繩證反。共事，音恭。取，七喻反。少，詩照反。

傳其不言逆，何也？據莊二十七年莒慶來逆叔姬言逆。逆之道微，無足道焉爾。逆者非卿。

滕侯卒。

傳滕侯無名，自無名，非貶之。少曰世子，長曰君，狄道也。其不正者名也。戎狄之道，年少之時稱曰世子，長立之號曰君，其非正長嫡，然後有名爾。責滕侯用狄道也。

夏，城中丘。城例時。中邱，魯地。

傳城爲保民爲之也。建國立城邑有定所，高下大小存乎王制，刺公不修德政，更造城以安民。民衆城小則益城，益城無極。凡城之志皆譏也。夫保民以德，不以城也，如民衆而城小，輒益城是無限極也，此發凡例施之於城內邑。

齊侯使其弟年來聘。聘例時。凡聘皆使卿執玉帛以相存問。

傳諸侯之尊，弟兄不得以屬通。禮，非始封之君，則臣諸父昆弟，匹敵之稱，人臣不可以敵君，故不得以屬通，所以遠別貴賤，尊君卑臣之義。其弟云者，以其來接於我，舉其貴者也。弟是臣之親貴者，殊別於凡庶。

秋，公伐邾。

冬天王使凡伯來聘凡氏伯字上大夫也

戎伐凡伯于楚丘以歸

傳凡伯者何也天子之大夫也國而曰伐此一人而曰伐何也大天子之命也伐一人而同一國尊天子之命戎者衞也戎衞者爲其伐天子之使貶而戎之也楚丘衞之邑也以歸猶愈乎執也夫天子之使過諸侯諸侯當候在疆埸膳宰致饔司里授館猶懼不敬今乃執天子之使無禮莫大焉昭十二年晉伐鮮虞傳曰晉狄之也今不日衞伐凡伯乃變衞爲戎者伐中國之罪輕故稱國以狄晉執天子之使罪重故變衞以戎之以一人當一國諱執言以歸皆尊尊之正義春秋之微旨○使所吏反埸音亦

八年春宋公衞侯遇于垂垂衞地

傳不期而會曰遇遇者志相得也

三月鄭伯使宛來歸邴凡有所歸例時邴鄭邑○邴彼並反左氏作祊

傳名宛所以貶鄭伯惡與地也去其族惡擅易天子邑○惡烏路反

庚寅我入邴徐邈曰入承鄭歸邴下嫌內外文不別故著我以明之

傳入者內弗受也日入惡者也邴者鄭伯所受命於天子而祭泰山之邑王室微弱無復方岳之會諸侯驕慢亦廢朝覲之事故鄭以湯沐之邑易魯朝宿之田也諸侯有大功盛德於王室者京師有朝宿之邑泰山有沐浴之邑所以供祭祀也魯周公之後鄭宣王母弟若此有賜邑其餘則否許慎曰今諸侯京師之地皆有朝宿之邑周有千八國諸侯盡京師之地不足以容不合事理

夏六月己亥蔡侯考父卒

傳諸侯日卒正也

辛亥宿男卒

傳宿微國也未能同盟故男卒也

秋七月庚午宋公齊侯衞侯盟于瓦屋宋序齊上王爵也瓦屋周地

傳外盟不日此其日何也據僖十九年夏六月宋公曹人邾人盟于曹南不日諸侯之參盟於是始故謹而日之也世道交喪盟詛滋彰非可以經世軌訓故存日以記惡蓋春秋之始也○經參七南反喪息浪反詛莊慮反誥誓不及五帝五帝謂黃帝顓頊帝嚳帝堯帝舜也誥誓尚書六誓七誥是其遺文五帝之世道化淳備不須誥誓而信自著○頊許玉反嚳苦篤反盟詛不及三王三王謂夏殷周也夏后有鈞臺之享商湯有景亳之命周武有盟津之會衆所歸信不盟詛也○盟津音孟交質子不及二伯二伯謂齊桓晉文齊桓有召陵之師晉文有踐土之盟諸侯率服不質任也○交質音置

八月葬蔡宣公

傳月葬故也

九月辛卯公及莒人盟于包來

包來宋邑○包音苞一音浮左氏作浮來

傳 可言公及人不可言公及大夫 稱人衆辭可言公及人若舉國之人皆盟也不可言公及大夫如以大夫敵公故也

螟

冬十有二月無侅卒

傳 無侅之名未有聞焉 未聞者不知爲是隱之不爵大夫爲是有罪貶去氏族穀梁子不受之於師故曰未有聞焉 或曰隱不爵大夫也 若侅卒是 或說曰故貶之也 若無侅帥師入極是

九年春天王使南季來聘

傳 南氏姓也季字也 南季天子之上大夫氏以爲姓也所以別姓者經有王季子來聘祭伯來王祭皆非姓也嫌與同故別之也季云字者明命爲大夫不以名通也○祭伯側界反下同凡國名邑名及人名氏皆於始音後不復出 聘問也聘諸侯非正也 周禮天子時聘以結諸侯之好殷覜以除邦國之慝間問以諭諸侯之志歸脤以交諸侯之福賀慶以贊諸侯之喜致禬以補諸侯之災許慎曰禮臣病君親問之天子有下聘之義傳曰聘諸侯非正甯所未詳○好呼報反覜他弔反禬戶外反

三月癸酉大雨震電

傳 震雷也電霆也

庚辰大雨雪

○雨于付反

傳 志疏數也八日之間再有大變陰陽錯行故謹而日之也 劉向云雷未可以出電未可以見雷電既以出見則雪不當復降皆失節也雷電陽也雨雪陰也雷出非其時者是陽不能閉陰陰氣縱逸而將爲害也○數色角反見賢徧反

雨月志正也 雨得其時則月

俠卒

傳 俠者所俠也 俠名也所其氏 弗大夫者隱不爵大夫也 俠不命爲大夫故不氏 隱之不爵大夫何也曰不成爲君也 明將立桓

夏城郎 郎魯邑

秋七月

傳 無事焉何以書不遺時也 四時不具不成年也

冬公會齊侯于防 防魯地也

傳 會者外爲主焉爾

十年春王二月公會齊侯鄭伯于中丘 隱行自此皆月者天告雷雨之異以見篡弒之禍而不知戒懼反更數會故危之○數色角反

夏翬帥師會齊人鄭人伐宋 翬隱之罪人也故終隱之世貶之

六月壬戌公敗宋師于菅 敗例日與不日皆與戰同菅宋地○菅古顏反

傳內不言戰，舉其大者也。戰然後敗，故敗大於戰。

辛未，取郜。○郜，古報反。

辛巳，取防。

傳取邑不日，此其日何也？據僖三十三年伐邾取訾婁不日。○訾，子斯反。不正其乘敗人而深爲利，取二邑，故謹而日之也。禮，不重傷，戰不逐北。公敗宋師于菅，復取其二邑，貪利不仁，故謹其日。

秋，宋人、衛人入鄭。

宋人、蔡人、衛人伐載，鄭伯伐取之。凡書取國，皆滅也。變滅言取，明其易。○載，本或作戴。易，以豉反。

傳不正其因人之力而易取之，故主其事也。三國伐載，自足以制之。鄭伯不能矜人之危，而反與共伐，故獨書鄭伯伐取之，以首其惡。其實四國共取之。

冬十月壬午，齊人、鄭人入郕。

傳入者，內弗受也。日入，惡入者也。郕，國也。

十有一年春，滕侯、薛侯來朝。

傳天子無事，諸侯相朝，正也。事，謂巡守、崩葬、兵革之事。○守，音狩。考禮修德，所以尊天子也。諸侯來朝，時正也。朝宜以時，故書時，則正也。犆言，同時也。犆言，謂別言也。若穀伯綏來朝、鄧侯吾離來朝，同時來，不俱至。累數，皆至也。累數，總言之也。若滕侯、薛侯來朝，同時俱至。

夏五月，公會鄭伯于時來。時來，鄭地。

秋七月壬午，公及齊侯、鄭伯入許。

冬十有一月壬辰，公薨。

傳公薨不地，故也。不地，不書路寢之比。○比，必利反。隱之，不忍地也。隱，猶痛也。其不言葬何也？君弒賊不討，不書葬，以罪下也。責臣子也。隱十年無正，隱不自正也。無正，謂不書正月。元年有正，所以正隱也。明隱宜立。

春秋穀梁傳卷二

春秋穀梁傳卷三

晉豫章太守順陽范　甯集解

明　後學　東吳金　蟠較訂

桓公

元年春王。

傳桓無王。其曰王何也。謹始也。諸侯無專立之道。必受國於王。若桓初立。便以見治。故詳其即位之始。以明王者之義。其曰無王何也。桓弟弑兄。臣弑君。天子不能定。諸侯不能救。百姓不能去。以爲無王之道。遂可以至焉爾。元年有王。所以治桓也。

正月公即位。

杜預曰。嗣子位定於初喪。而改元必須踰年者。繼父之業。成父之志。不忍有變於中年也。諸侯每首歲必有禮於廟。諸遭喪繼位者。因此而改元即位。百官以序。故國史亦書即位之事於策。

傳繼故不言即位。正也。故謂弑也。繼故不言即位之爲正何也。曰先君不以其道終。則子弟不忍即位也。哀痛之至。故不忍行即位之禮。繼故而言即位。則是與聞乎弑也。繼故而言即位。是爲與聞乎弑何也。曰先君不以其道終。己正即位之道而即位。是無恩於先君也。推其無恩。則知與弑也。此明統例耳。與弑尚然。況親弑者。○與音豫。皆同。

三月。公會鄭伯于垂。

垂。衛地也。傳例曰。往月。危往也。桓大惡之人。故會皆月以危之。

傳會者外爲主焉爾。鄭伯所以欲爲此會者。爲易田故。○爲易。于僞反。

鄭伯以璧假許田。

傳假不言以。言以。非假也。實假。則不應言以璧。非假而曰假。諱易地也。禮天子在上。諸侯不得以地相與也。諸侯受地於天子。不得自專。無田則無許可知矣。不言許。不與許也。伯言以璧假許。而不繼田。則許屬鄭也。今言許田。明以許之田與鄭。不與許邑也。諸侯有功。則賜田以祿之。若可以借人。此蓋不欲以實言。許田者。魯朝宿之邑也。邴者。鄭伯之所受命而祭泰山之邑也。用見魯之不朝於周。而鄭之不祭泰山也。朝天子所宿之邑。謂之朝宿。泰山非鄭竟內。從天王巡守。受命而祭也。擅相換易。則知朝祭並廢。○朝。直遙反。下皆同。邴。兵病反。

夏。四月。丁未。公及鄭伯盟于越。

越。衛地也。

傳及者。內爲志焉爾。越。盟地之名也。

秋。大水。

禮月令曰。季秋行夏令。則其國大水。大水例時。

傳高下有水災曰大水。

冬。十月。

傳無事焉。何以書。不遺時也。春秋編年。四時具而後爲年。編錄。

二年春王正月戊申宋督弒其君與夷 宋督宋之卑者卑者以國氏

傳 桓無王其曰王何也正與夷之卒也 諸侯之卒天子所隱痛姦逆之人王法所宜誅故書王以正之

及其大夫孔父

傳 孔父先死其曰及何也書尊及卑春秋之義也 邵曰會盟言及別內外也尊卑言及上下序也 孔父之先死何也督欲弒君而恐不立於是乎先殺孔父孔父閑也 閑謂扞禦 何以知其先殺孔父也曰子既死父不忍稱其名臣既死君不忍稱其名以是知君之累之也 累謂從也 孔氏父字謚也 孔父有死難之勳故其君以字爲謚 或曰其不稱名蓋爲祖諱也孔子故宋也 孔子舊是宋人孔父之玄孫

滕子來朝 隱十一年稱侯今稱子蓋時王所黜

三月公會齊侯陳侯鄭伯于稷以成宋亂 稷宋地也

傳 以者內爲志焉爾公爲志乎成是亂也 欲會者外也欲受賂者公也 此成矣取不成事之辭而加之焉於內之惡而君子無遺焉爾 取不成事之辭謂以成宋亂也桓姦逆之人故極言其惡無所遺漏也江熙曰春秋親尊皆諱蓋患惡之不可掩豈當取不成事之辭以加君父之惡乎案宜四年公及齊侯平莒及鄭傳曰平者成也然則成亦平也公與齊陳鄭欲平宋亂而取其賂鼎不能成平亂故書成宋亂取郜大鼎納于太廟微旨見矣尋理推經傳似失之徐邈曰宋雖以亂治之則治治亂成不繫此一會若諸侯討之則有撥亂之功不討則受成亂之責辭豈虛加也哉春秋雖爲親尊者諱然亦不沒其實故納鼎于廟躋僖逆祀及王室之亂昭公之孫皆指事而書哀七年傳所謂有一國之道者有天下之道者也君失社稷猶書而不隱況今四國羣會非一人之過以義致譏輕於自己兆亂以此方彼無所多怪○郯音談

夏四月取郜大鼎于宋戊申納于太廟 傳例曰納者內不受也日之明惡甚也太廟周公廟○郜古報反

傳 桓內弒其君外成人之亂受賂而退以事其祖非禮也其道以周公爲弗受也郜鼎者郜之所爲也曰宋取之宋也 此鼎本郜國所作宋後得之 以是爲討之鼎也 討宋亂而更受其賂鼎 孔子曰名從主人物從中國故曰郜大鼎也 主人謂作鼎之主人也故繫之郜物從中國謂是大鼎

秋七月紀侯來朝 隱二年稱子今稱侯蓋時王所進○紀侯左氏作杞侯

傳 朝時此其月何也 據隱十一年春滕侯薛侯來朝稱時 桓內弒其君外成人之亂於是爲齊侯陳侯鄭伯討數日以賂 桓既罪纍責大乃復爲三國討數至日以責宋賂○爲于僞反 己即是事而朝之惡之故謹而月之也 己紀也桓與諸侯校數功勞以取宋賂不知非之爲非貪愚之甚紀不擇其不肖而就朝之○惡烏路反

蔡侯鄭伯會于鄧　鄭某地○某地不知其國故云某後放此

九月入杞

傳　我入之也　不稱主名內之卑者

公及戎盟于唐

冬公至自唐　告廟曰至傳例曰致君者殆其往而喜其反此致君之意義也離不言會故以地致

傳　桓無會而其致何也遠之也　桓會甚衆而曰無會善無致會也弑逆之罪非可以致宗廟而今致者危其遠會戎狄喜其得反

三年春正月公會齊侯于嬴　嬴齊地○嬴音盈

夏齊侯衛侯胥命于蒲　蒲衛地

傳　胥之爲言猶相也相命而信諭謹言而退以是爲近古也　申約言以相達不歃血而誓盟古謂五帝時　是必一人先其以相言之何也不以齊侯命衛侯也　江熙曰夫相與親比非一人之德是以同聲相應同氣相求齊衛胥盟雖有先倡倡和理均若以齊命衛則功歸于齊以衛命齊則齊僅隨從言其相命則泯然無際矣○比毗志反

六月公會杞侯于郕　郕魯地○郕音成

秋七月壬辰朔日有食之既

傳　言日言朔食正朔也　朔日食也　既者盡也有繼之辭也　盡而復生謂之既

公子翬如齊逆女　翬稱公子者桓不以爲罪人也

傳　逆女親者也使大夫非正也

九月齊侯送姜氏于讙　已去齊國故不言女未至于魯故不稱夫人讙魯地月者重錄之○于讙音歡

傳　禮送女父不下堂母不出祭門諸母兄弟不出闕門　祭門廟門也闕兩觀也在祭門之外○觀古亂反　父戒之曰謹慎從爾舅之言母戒之曰謹慎從爾姑之言諸母般申之曰謹慎從爾父母之言　般囊也所以盛朝夕所須以備舅姑之用○般一本作鞶盛音成　送女踰竟非禮也　○竟音境

公會齊侯于讙

傳　無譏乎　齊侯送女踰竟遠至于讙嫌會非禮之人當有譏　曰爲禮也齊侯來也公之逆而會之可也　爲親逆之禮

夫人姜氏至自齊

傳　其不言翬之以來何也　據宣元年遂以夫人婦姜至自齊　公親受之于齊侯也　重在公　子貢曰冕而親迎不已重乎　冕祭服○迎魚敬反　孔子曰合二姓之好以繼萬世之後何

謂已重乎 ○好呼報反

冬齊侯使其弟年來聘

有年 有年例時

傳 五穀皆熟爲有年也

四年春正月公狩于郎 春而言狩蓋用冬狩之禮蒐狩例時而此月者重公失禮也莊四年冬公及齊人狩于郜傳曰齊人者齊侯也其曰人何也卑公之敵所以卑公也然則言齊人者所以人公則譏已明矣狩得其時故不月

傳 四時之田皆爲宗廟之事也春曰田夏曰 取獸於田 苗 因爲苗除害故曰苗 秋曰蒐 蒐擇之舍小取大○蒐所由反舍音捨 冬曰狩 狩圍狩也冬物畢成獲則取之無所擇 四時之田用三焉唯其所先得一爲乾豆 上殺中心死速乾之以爲豆實可以祭祀○中丁仲反 二爲賓客 次殺射髀骼死差遲○射食亦反髀步啓反又必邇反骼苦嫁反差初賣反 三爲充君之庖 下殺中腸污泡死最遲先宗廟次賓客後庖廚尊神敬客之義○泡普交反又百交反

夏天王使宰渠伯糾來聘 宰官也渠氏也天子下大夫老故稱字下無秋冬二時甯所未詳

五年春正月甲戌己丑陳侯鮑卒

傳 鮑卒何爲以二日卒之春秋之義信以傳信疑以傳疑 明實錄也○傳直專反 陳侯以甲戌之日出己丑之日得不知死之日故舉二日以包也 國君獨出必辟病潛行○辟音避

夏齊侯鄭伯如紀 外相如不書書過我則例時○過古禾反

天王使任叔之子來聘 任叔天子之大夫○任叔左氏作仍叔

傳 任叔之子者錄父以使子也故微其君臣而著其父子不正父在子代仕之辭也 錄父使子謂不氏名其人稱父言子也君闇劣於上臣苟進於下蓋參譏之

葬陳桓公

城祝丘 譏公不修德政恃城以安民

秋蔡人衛人陳人從王伐鄭 王親自伐鄭

傳 舉從者之辭也 使若王命諸侯伐鄭書從王命者三國也 其舉從者之辭何也爲天王諱伐鄭也 諱自伐鄭 鄭同姓之國也在乎冀州於是不服爲天子病矣 鄭姬姓之國冀州則近京師親近猶不能服則疏遠者可知

大雩

雩者，旱祭請雨之名。傳例曰：雩得雨曰雩，不得雨曰旱。月雩，正也；時雩，不正也。禮月令曰：仲冬行夏令，則其國乃旱。○雩音于。

螽。

傳 螽，蟲災也。甚則月，不甚則時。蚣蝑之屬。禮月令曰：仲冬行春令，則蟲蝗為敗。○螽音終。蚣，相容反。蝑音胥。

冬，州公如曹。

傳 外相如不書，此其書何也？過我也。過我，六年寔來是也。將有其末，故先錄其本。

六年春，正月，寔來。

來朝例時，月者，謹其無禮。

傳 寔來者，是來也。何謂是來？謂州公也。其謂之是來何也？以其畫我，故簡言之也。諸侯不以過相朝也。畫，是相過，去朝遠。○過，古禾反。

夏，四月，公會紀侯于郕。○紀侯，左氏作杞侯。

秋，八月，壬午，大閱。

蒐閱例時。

傳 大閱者何？閱兵車也。閱，為簡練。修教明諭，國道也。修先王之教，以明達於民，治國之道。平而修戎事，非正也。鄒曰：禮因四時田獵以習用戎事。存不忘亡，安不忘危之道。平，謂不因田獵，無事而修之。其日以為崇武，故謹而日之，蓋以觀婦人也。○觀，古亂反。

蔡人殺陳佗。○佗，徒河反。

傳 陳佗者，陳君也。其曰陳佗何也？匹夫行，故匹夫稱之也。其匹夫行奈何？陳侯憙獵，淫獵于蔡，與蔡人爭禽，蔡人不知其是陳君也而殺之。淫獵，謂自放恣，遺失徒衆。○行，下孟反。憙，虛記反。何以知其是陳君也？兩下相殺不道。兩大夫相殺，不書春秋。其不地於蔡也。

九月，丁卯，子同生。子同，桓公嫡子，莊公。

傳 疑，故志之。莊公母文姜淫于齊襄，疑非公之子。時曰同乎人也。時人僉曰：齊侯之子同於他人。

冬，紀侯來朝。

七年春，二月，己亥，焚咸丘。日之，謹其惡。○惡，烏路反。

傳 其不言邾咸丘何也？據襄元年圍宋彭城言宋。疾其以火攻也。不繫於國者，欲使焚邑之罪與焚國同。

夏，穀伯綏來朝。

鄧侯吾離來朝。

傳 其名何也？據隱十一年滕薛來朝不名。失國也。禮，諸侯不生名，失地則名。

失國則其以朝言之何也。據文十二年郕伯來奔不名。嘗以諸侯與之接矣。雖失國。弗損吾異日也。待之以初也。下無秋冬二時，甯所未詳。

春秋穀梁傳卷三

春秋穀梁傳卷四

晉豫章太守順陽范　甯集解

明　後學　東吳葛　鼒較訂

桓公

八年，春，正月，己卯，烝。春祭曰祠，薦尚韭卵；夏祭曰禴，薦尚麥魚；秋祭曰嘗，薦尚黍肫；冬祭曰烝，薦尚稻鴈。無牲而祭曰薦，薦而加牲曰祭。禮各異也。失禮祭祀例日，得禮者時，定八年冬從祀先公是也。僖八年秋七月禘于大廟，月者，謹用致夫人耳，禘無違禮。○禴本又作礿。肫本又作豚。大廟音泰，後同。

傳烝，冬事也，春興之，志不時也。

天王使家父來聘。家父，天子大夫。家，氏；父，字。

夏，五月，丁丑，烝。

傳烝，冬事也，春夏興之，黷祀也，志不敬也。

秋，伐邾。

冬，十月，雨雪。禮月令曰：孟冬行秋令，則霜雪不時。○雨，于付反。

祭公來，遂逆王后于紀。祭公，寰內諸侯，爲天子三公者。親逆例時，不親逆例月。故春秋左氏說曰：王者至尊無敵，無親逆之禮。祭公逆王后，未致京師而稱后，知天子不行而禮成也。鄭君釋之曰：大姒之家在郃之陽，在渭之涘，文王親迎于渭，卽天子親迎之明文矣。天子雖尊，其于后猶夫婦，夫婦配合，禮同一體，所爲無敵，豈施此哉？禮記哀公問曰：冕而親迎，不已重乎？孔子愀然作色而對曰：合二姓之好，以繼先聖之後，以爲天地宗廟社稷之主，君何謂已重焉？此言親迎繼先聖之後，爲天地宗廟社稷之主，非天子則誰乎？○祭公，側界反。寰音縣，又音環。親迎，魚敬反。郃音洽，本又作洽。涘音仕。好，呼報反。

傳其不言使焉何也？據四年天王使宰渠伯糾稱使。不正其以宗廟之大事卽謀於我，故弗與使也。時天子命祭公就魯共卜擇紀女可中后者，便逆之，不復反命。遂，繼事之辭也。其曰遂逆王后，故略之也。以其遂逆無禮，故不書逆女，而曰王后，略謂不以禮稱之。或曰：天子無外，王命之則成矣。四海之濱，莫非王臣。王命紀女爲后，則已成王后，不如諸侯入國乃稱夫人。或說是。

九年，春，紀季姜歸于京師。季姜，桓王后。書字者，申父母之尊。姜，紀姓。

傳爲之中者，歸之也。中謂關與婚事。○與音預。

夏，四月。

秋，七月。

冬，曹伯使其世子射姑來朝。

傳朝不言使，言使，非正也。使世子伉諸侯之禮而來朝，曹伯失正矣。諸侯相見曰朝，以待人父之道待人之子，以內爲失正矣。內失正，曹伯失正，世子可以已矣，則是故命也。父有爭子，則身不陷於不義。射姑廢曹伯之命可。○射音亦。伉本作亢。爭，諫爭之爭。尸子曰：夫已多乎道。卲曰：已，止也。止曹伯使朝

之命則曹伯不陷非禮之愆世子無苟從之咎魯無失正之譏三者正則合道多矣

十年春王正月庚申曹伯終生卒

【傳】桓無王其曰王何也正終生之卒也徐乾曰與夷見弒恐正卒不明故復明之

夏五月葬曹桓公

秋公會衞侯于桃丘弗遇

桃丘衞地桓弒逆之人出則有危故會皆月之衞侯不來無危故時

【傳】弗遇者志不相得也弗內辭也倡會者衞魯至桃丘而衞不來故書弗遇以殺恥

冬十有二月丙午齊侯衞侯鄭伯來戰于郎

結日列陳則日傳例曰不日疑戰也○陳直覲反

【傳】來戰者前定之戰也先已結期戰內不言戰言戰則敗也兩敵故言戰春秋不以外敵內書戰則敗不言其人以吾敗也不言及者爲內諱也

十有一年春正月齊人衞人鄭人盟于惡曹

惡曹地闕

夏五月癸未鄭伯寤生卒

秋七月葬鄭莊公

莊公殺段失德不葬而書葬者段不弟於王法當討故不以殺親親貶之

九月宋人執鄭祭仲

祭氏仲名執大夫有罪者例時無罪者月此月者爲下盟○祭側界反

【傳】宋人者宋公也其曰人何也貶之也惡其執人權臣廢嫡立庶

突歸于鄭

突鄭厲公昭公之弟莊公之子

【傳】曰突賤之也曰歸易辭也傳例曰歸爲善自某歸次之此傳曰歸易辭也然則歸有二義不皆善夫突篡兄之位制命權臣則歸無善○易以豉反祭仲易其事權在祭仲也死君難臣道也今立惡而黜正惡祭仲也易辭言廢立在己○難乃旦反惡烏路反

鄭忽出奔衞

忽鄭昭公

【傳】鄭忽者世子忽也其名失國也其名謂去世子而但稱忽

柔會宋公陳侯蔡叔盟于折

蔡叔蔡大夫名未命故不氏折其地

【傳】柔者何吾大夫之未命者也

公會宋公于夫鍾

夫鍾郕地○夫音扶

冬十有二月公會宋公于闞

闞魯地

十有二年春正月

夏，六月，壬寅，公會紀侯、莒子，盟于曲池。曲池，魯地。

秋，七月，丁亥，公會宋公、燕人，盟于穀丘。穀丘，宋地。

八月，壬辰，陳侯躍卒。陳厲公也。

公會宋公于虛。虛，宋地。

冬，十有一月，公會宋公于龜。龜，宋地。

丙戌，公會鄭伯，盟于武父。武父，鄭地。○父音甫。

丙戌，衛侯晉卒。

【傳】再稱日，決日義也。明二事皆當日也。晉不正，非日卒者也。不正前見矣。隱四年衛人立晉，是也。與齊小白義同。

十有二月，及鄭師伐宋。丁未，戰于宋。

【傳】非與所與伐戰也。非，責。不言與鄭戰，恥不和也。於伐與戰，敗也。內諱敗，舉其可道者也。於伐宋而與鄭戰，內敗也。戰輕於敗，戰可道，而敗不可道。

十有三年，春，二月，公會紀侯、鄭伯。己巳，及齊侯、宋公、衛侯、燕人戰。齊師、宋師、衛師、燕師敗績。徐邈曰：僖九年傳曰：禮，柩在堂上，孤無外事。今衛宣未葬，而嗣子稱侯以出，其失禮明矣。宋、陳稱子，而衛稱侯，隨其所以自稱者而書之，得失自見矣。○柩，其救反。

【傳】其言及者，由內及之也。其曰戰者，由外言之也。內不言戰，言戰則敗。今魯與紀、鄭同討，以有紀、鄭，故可得言戰。戰稱人，敗稱師，重眾也。其不地，於紀也。春秋戰無不地，卽於紀戰，無爲不地也。鄭君曰：紀當爲己，謂在魯也，字之誤耳。得在龍門城下之戰，迫近，故不地。

三月，葬衛宣公。

夏，大水。

秋，七月。

冬，十月。

十有四年，春，正月，公會鄭伯于曹。

無冰。

【傳】無冰，時燠也。皆君不明去就，政治舒緩之所致。五行傳曰：視之不明，是謂不哲，厥咎舒，厥罰常燠。○燠，於六反。

夏五。○夏五，本或有月者，非。

鄭伯使其弟禦來盟。○禦，魚呂反，本亦作御。左氏作語。

【傳】諸侯之尊，弟兄不得以屬通。其弟云者，以其來我舉其貴者也來盟前定也不日前定之盟不日言信在前非結於今孔子曰聽遠音者聞其疾而不聞其舒疾謂激揚之聲舒謂徐緩望遠者察其貌而不察其形貌姿體形容色立乎定哀以指隱桓隱桓之日遠矣夏五傳疑也孔子在於定哀之世而錄隱桓之事故承闕文之疑不書月明皆實錄○傳直專反

秋八月壬申御廩災御廩藏公所親耕以奉粢盛之倉也內災例日

乙亥嘗

【傳】御廩之災不志以其微此其志何也以爲唯未易災之餘而嘗可也志不敬也鄭嗣曰唯以未易災之餘而嘗然後可志也用火焚之餘以祭宗廟非人子所以盡其心力不敬之大也天子親耕以共粢盛天子親耕其禮三推黍稷曰粢在器曰盛○共音恭粢音咨推昌誰反一音他回反王后親蠶以共祭服王后親蠶齊戒躬桑夫人三繅遂班三宮朱綠玄黃以爲黼黻文章服既成君服以祀之○齊本亦作齋繅先刀反國非無良農工女也以爲人之所盡事其祖禰不若以己所自親者也凱曰夫治人之道莫急於禮禮有五經莫重於祭祭者非物自外至者也由中出者身致其誠信然後可以交於神明祭之道也○禰乃禮反何用見其未易災之餘而嘗也曰甸粟而內之三宮三宮米而藏之御廩甸甸師掌田之官也三宮三夫人也宗廟之禮君親割夫人親舂○舂傷容反夫嘗必有兼甸之事焉夫人親舂是兼甸之事壬申御廩災乙亥嘗以爲未易災之餘而嘗也鄭嗣曰壬申乙亥相去四日言用日至少而功多明未足及易而嘗

冬十有二月丁巳齊侯祿父卒

宋人以齊人蔡人衛人陳人伐鄭

【傳】以者不以者也民者君之本也使人以其死非正也不以者謂本非所得制今得以之也刺四國使宋專用其師輕民命也

十有五年春二月天王使家父來求車

【傳】古者諸侯時獻于天子以其國之所有故有辭讓而無徵求求車非禮也求金甚矣文九年毛伯來求金

三月乙未天王崩桓王

夏四月己巳葬齊僖公

五月鄭伯突出奔蔡

【傳】譏奪正也禮諸侯不生名今名突以譏之

鄭世子忽復歸于鄭

【傳】反正也

許叔入于許傳例曰大夫出奔反以好曰歸以惡曰入

【傳】許叔許之貴者也莫宜乎許叔其曰入何也其歸之道非所以歸也泰曰許國之貴莫過許叔之宜立又無與二而進無王命退非父授故不書曰歸同之惡入

公會齊侯于蒿。

〇蒿，左氏作艾，公羊作鄗。

邾人牟人葛人來朝。

何休曰：桓公行惡，而三人俱朝事之。三人為衆，衆足責，故夷狄之。

秋九月，鄭伯突入于櫟。

櫟，鄭邑也。突不正，書入，明不當受。〇櫟，力狄反。

冬十有一月，公會宋公衞侯陳侯于袲伐鄭。

袲，宋地。〇袲，昌氏反。

傳 地而後伐，疑辭也，非其疑也。鄭突欲篡國，伐而正之，義也。不應疑，故責之。

十有六年春正月，公會宋公蔡侯衞侯于曹。

夏四月，公會宋公衞侯陳侯蔡侯伐鄭。

蔡常在衞上，今序陳下，蓋後至。

秋七月，公至自伐鄭。

傳 桓無會，其致何也？危之也。桓公再助篡伐正，危殆之甚，喜得全歸，故致之。

冬，城向。

十有一月，衞侯朔出奔齊。

朔，惠公名。

傳 朔之名，惡也。天子召而不往也。

十有七年春正月丙辰，公會齊侯紀侯盟于黄。

黄，齊地。

二月丙午，及邾儀父盟于趡。

趡，魯地。〇趡，翠軌反。

夏五月丙午，及齊師戰于郎。

〇于郎，左氏作于奚。

傳 内諱敗，舉其可道者也。敗恥大，戰恥小。不言其人，以吾敗也。言人則微者，敗於微者，其恥又甚，故言師。不言及之者，為内諱也。及當有人，公親帥之，恥有不可言。

六月丁丑，蔡侯封人卒。

秋八月，蔡季自陳歸于蔡。

傳 蔡季，蔡之貴者也。自陳，陳有奉焉爾。陳以力助。

癸巳，葬蔡桓侯。

徐邈曰：葬者臣子之事，故書葬皆以公配謚，此稱侯，蓋蔡臣子失禮，故即其所稱以示過。

及宋人衞人伐邾。

冬十月朔，日有食之。

傳 言朔不言日，食既朔也。既，盡也。盡朔一日，至明日乃食，是月二日食也。

十有八年春王正月，公會齊侯于濼。

此年書王，以王法終治桓之事。〇濼，力沃反，又音洛。

公與夫人姜氏遂如齊。

公本與夫人俱行至濼公與齊侯行會禮故先書會濼既會而相隨至齊故曰遂遂繼事之辭他皆放此

傳濼之會不言及夫人何也據夫人實在當言公及夫人姜氏會齊侯于濼以夫人之伉弗稱數也濼之會夫人驕伉不可言及故舍而弗數今書遂如齊欲錄其致變之由故不可以不書實驕伉而不制故不言及○伉本文作亢數色祖反舍音捨

夏四月丙子公薨于齊夫人與齊謀殺之不書諱也魯公薨正與不正皆日所以別內外也

傳其地於外也薨稱公舉上也公五等之上

丁酉公之喪至自齊

秋七月

冬十有二月己丑葬我君桓公

傳葬我君接上下也言我君舉國上下之辭君弒賊不討不書葬此其言葬何也據隱公不書葬不責踰國而討于是也禮君父之讎不與共戴天而日不責踰國而討于是者時齊強大非己所討君子即而恕之以申臣子之恩桓公葬而後舉諡諡所以成德也於卒事乎加之矣諡者行之迹所以表德人之終卒事畢於葬故於葬定稱號也昔武王崩周公制諡法大行受大名小行受小名所以勸善而懲惡禮天子崩稱天命以諡之諸侯薨天子諡之卿大夫卒受諡於其君知者慮義者行仁者守有此三者備然後可以會矣桓無此三者而出會大國所以見殺○知音智

春秋穀梁傳卷四

春秋穀梁傳卷五

晉豫章太守順陽范　甯集解
明　後學　東吳金　蟠較訂

莊公

元年春王正月

傳 繼弒君不言即位正也繼弒君不言即位之爲正何也（據君不絶）曰先君不以其道終則子不忍即位也

三月夫人孫于齊（桓公夫人文姜也哀姜有殺子之罪輕故僖元年曰夫人氏之喪至自齊去姜以貶之文姜有殺夫之罪重故去姜氏以貶之此輕重之差）

傳 孫之爲言猶孫也（孫孫遁而去）諱奔也接練時錄母之變始人之也（夫人初與桓俱如齊今又書者於練時感夫人不與祭故始以人道錄之○與祭音豫）不言氏姓貶之也人之於天也以道受命於人也以言受命（臣子則受君父之命婦受夫之命）不若於道者天絶之也（若順）不若於言者人絶之也臣子大受命（言義得貶夫人）

夏單伯逆王姬（單姓也伯字○單音善逆王姬左氏作送王姬）

傳 單伯者何吾大夫之命乎天子者也命大夫故不名也（諸侯歲貢士于天子天子親命之使還其國爲大夫者不名天子就其國命之者以名氏通也）其不言如何也（據僖三十九年公子遂如京師言如）其義不可受於京師也其義不可受於京師何也曰躬君弒於齊使之主婚姻與齊爲禮其義固不可受也（禮尊卑不敵天子嫁女于諸侯必使同姓諸侯主之魯桓親見殺于齊若天子命使爲主則非禮大矣春秋爲尊者諱故不可受之于京師）

秋築王姬之館于外

傳 築禮也于外非禮也（外城外也）築之爲禮何也主王姬者必自公門出（公門朝之外門主王姬者當設几筵于宗廟以俟迎者故在公門之內築王姬之館○朝直遙反迎魚敬反）於廟則已尊於寢則已卑爲之築節矣築之外變之正也築之外變之爲正何也仇讎之人非所以接婚姻也衰麻非所以接弁冕也（親迎服祭服者重婚姻也公時有桓之喪○衰七回反）其不言齊侯之來逆何也不使齊侯得與吾爲禮也

冬十月乙亥陳侯林卒

傳 諸侯日卒正也

王使榮叔來錫桓公命（榮氏叔字天子之上大夫也禮有九錫一曰輿馬二曰衣服三曰樂則四曰朱戶五曰納陛六曰虎賁七曰弓矢八曰鈇鉞九曰秬鬯皆所以褒德賞功也德有厚薄功有輕重故命有多少何休曰桓弒逆之人王法所宜誅絶而反錫命悖亂天道故不言天王也文五年王使榮叔歸含且賵則曰含

者臣子之職也以至尊行卑事故不言天王也三月王使毛伯來會葬又曰刺比失禮故亦不言天王也甯案僖二十四年天王出居于鄭不可最大矣禮天子既有賵含之制傳但譏二事共一使耳言且所以示譏一事無再貶之道也以天王之尊會人妾祖母之葬誠失禮矣孰若使任叔之子來聘使家父來求車之不可乎此三者皆言天王明非義之所存舊史有詳略夫子因而弗革故知曲說雖巧致遠則滯矣○賁音奔秬音巨含胡暗反賵芳鳳反任音壬

傳禮有受命無來錫命錫命非正也賞人於朝與士共之當召而錫也周禮大宗伯職曰王命諸侯則儐之是來受命生服之死行之禮也

生不服死追錫之不正甚矣

王姬歸于齊

傳爲之中者歸之也

齊師遷紀郱鄑郚○郱步丁反鄑子移反郚音吾

傳紀國也郱鄑郚國也此國以三言爲名或曰遷紀于郱鄑郚十年宋人遷宿傳曰遷亡辭也其不地宿不復見矣齊師遷紀四年復書紀侯大去其國者紀侯賢不與齊師之士紀故變文以見義郱鄑郚之君無紀侯之賢故不復見從常例也若齊師遷紀于郱鄑當言于以服之又不應復書地當如宋人遷宿齊人遷陽或曰之說甯所未詳

二年春王二月葬陳莊公

夏公子慶父帥師伐於餘丘慶父名字中父

傳國而曰伐於餘丘邾之邑也其曰伐何也公子貴矣師重矣而敵人之邑公子病矣病公子所以譏乎公也其一曰君在而重之也邾君在此邑故不繫于邾使若國

秋七月齊王姬卒

傳爲之者卒之也主其嫁則有兄弟之恩死則服之服之故書卒禮記曰齊告王姬之喪魯莊公爲之大功

冬十有二月夫人姜氏會齊侯于禚禚齊地○禚章略反

傳婦人既嫁不踰竟踰竟非正也婦人不言會言會非正也饗甚矣饗在四年

乙酉宋公馮卒○馮皮冰反

三年春王正月溺會齊侯伐衛徐邈曰傳例曰往月危往也齊受天子罪人之爲之興師而魯與同其理危也

傳溺者何也公子溺也其不稱公子何也據二年公子慶父帥師伐於餘丘稱公子惡其會仇讎而伐同姓故貶而名之也○惡烏路反

夏四月葬宋莊公

傳月葬故也

五月葬桓王

傳傳曰：改葬也。若實改葬，當言改以明之，郊牛之口傷改卜牛是也。傳當以七年乃葬，故謂之改葬。改葬之禮緦，舉下緬也。緦者五服最下，言舉下緬上，從緦皆反其故服。因葬桓王記改葬之禮，不謂改葬桓王當服緦也。猶晦震夷伯之廟，因明天子諸侯之制。不謂夷伯非魯之大夫也。甯君與蔡司徒論之詳矣。江熙曰：葬稱公，舉五等之上。改葬禮緦，舉五服之下。以喪緬藐遠也。天子諸侯易服而葬，以為交於神明者不可以純凶，況其緬者乎？是故改葬之禮，其服唯輕。言緬，釋所以緦也。○緬，亡善反。或曰：卻尸以求諸侯。停尸七年以求諸侯會葬，非人情也。天子志崩不志葬，必其時也。何必焉？舉天下而葬一人，其義不疑也。志葬，故也，危不得葬也。曰：近不失崩，不志崩，失天下也。京師去魯不遠，赴告之命可不踰旬而至。史不志崩，則亂可知。獨陰不生，獨陽不生，獨天不生，三合然後生。徐邈曰：古人稱萬物負陰而抱陽，沖氣以為和，然則傳所謂天，蓋名其沖和之功，而神理所由也。會二氣之和，極發揮之美者，不可以柔剛滯其用，不得以陰陽分其名，故歸於冥極而謂之天。凡生類稟靈知於天，資形於二氣，故又曰獨天不生，必三合而形神生理具矣。○知音智。故曰：母之子也可，天之子也可。尊者取尊稱焉，卑者取卑稱焉。王者尊，故稱天子。眾人卑，故稱母子。其曰王者，民之所歸往也。

秋，紀季以酅入于齊。季，紀侯弟。○酅，下圭反。

傳酅，紀之邑也。入于齊者，以酅事齊也。入者，內弗受也。雍曰：紀國微弱，齊將吞并，紀季深覩存亡之機，大懼社稷之傾，故超然遐舉，以酅事齊，庶胤嗣不泯，宗廟永存。春秋賢之，故褒之以字。齊受人之邑，而滅人之國，故於義不可受也。

冬，公次于郎。

傳次，止也，有畏也。欲救紀而不能也。畏齊。

四年春王二月，夫人姜氏饗齊侯于祝丘。饗，食也。兩君相見之禮，凡會書月，著時事有危難於公，發例亦無所不關。祝丘，魯地。

傳饗，甚矣。以非禮尤甚，故謹而月之。饗齊侯，所以病齊侯也。

三月，紀伯姬卒。隱二年履緰所逆者。內女卒例日，伯姬失國，略之，故月也。○緰音須。

傳外夫人不卒，此其言卒，何也？吾女也。適諸侯則尊同，以吾為之變，卒之也。禮，諸侯絕旁朞，姑姊妹女子子嫁於國君者，尊與己同，則為之服大功九月，變不服之例。然則適大夫者不書卒。

夏，齊侯、陳侯、鄭伯遇于垂。傳例曰：不期而會曰遇。遇者，志相得也。

紀侯大去其國。

傳大去者，不遺一人之辭也。言民之從者，四年而後畢也。紀侯賢而齊侯滅之，不言滅而曰大去其國者，不使小人加乎君子。不日滅而日大去其國，蓋抑無道之强，以優有道之弱，若進止在己，非齊所得滅也。何休曰：春秋楚世子商臣弒其君，其後滅江、六，不言大去；又大去者，於齊滅之不明，但知不使小人加乎君子，而不言滅，縱失襄公之惡，反為大去也。鄭君釋之曰：商臣弒其父，大惡也，不得但為小人；江、大之君，又無紀侯得民之賢，不得變滅言大去也。元年冬，齊

（師還紀三年紀季以酅入于齊今紀侯大去其國是足起齊滅之矣即以變滅言大去爲縱失襄公之惡是乃經也非傳也且春秋因事見義舍此以滅人爲罪者自多矣）

六月乙丑齊侯葬紀伯姬

傳 外夫人不書葬此其書葬何也吾女也失國故隱而葬之（隱痛也不日卒而日葬閔紀之亡也）

秋七月

冬公及齊人狩于郜（郜齊地○郜古報反左氏作禚）

傳 齊人者齊侯也其曰人何也卑公之敵所以卑公也（內無貶公之道）何爲卑公也不復讎而怨不釋刺釋怨也

五年春王正月

夏夫人姜氏如齊師

傳 師而曰如衆也（言師衆大如國故可以言如若言如齊侯則不可）婦人既嫁不踰竟踰竟非禮也

秋郳黎來來朝（黎來名也○郳五兮反）

傳 郳國也黎來微國之君未爵命者也

冬公會齊人宋人陳人蔡人伐衛（納惠公朔）

傳 是齊侯宋公也其曰人何也人諸侯所以人公也其人公何也逆天王之命也（王不欲立朔也）

六年春王二月王人子突救衛

傳 王人卑者也稱名貴之也（何休以爲稱子則非名也鄭君釋之曰王人賤者錄則名可今以其銜命救衛故貴之貴之則子突爲字可知明矣此名當爲字誤爾徐乾曰王人者卑者之稱也當直稱王人而已今以其能奉天子之命救衛而拒諸侯故加名以貴之僖八年公會王人齊侯是卑者之常稱）善救衛也救者善則伐者不正矣（徐邈曰諸侯不奉王命朔遂得篡王威屈辱有危故月也救衛於義善故重子突功不立故著其危）

夏六月衛侯朔入于衛

傳 其不言伐衛納朔何也（據九年伐齊納糾言納）不逆天王之命也（不與諸侯得納王之所絕）入者內弗受也何用弗受也爲以王命絕之也朔之名惡也朔入逆則出順矣朔出入名以王命絕之也

秋公至自伐衛

傳 惡事不致此其致何也（據襄九年時有穆姜之喪會諸侯伐鄭不致）不致則無用見公之惡事之成也

螟

冬齊人來歸衛寶

傳 以齊首之分惡於齊也使之如下齊而來我然

惡戰則殺矣。（若衛自歸寶於齊，過齊然後與我，齊首其事，則我與王人戰，羿差減。○惡，烏各反，下同。殺，色界反。過，古禾反。）

七年春，夫人姜氏會齊侯于防。（防，魯地。）

傳 婦人不會，會非正也。

夏四月辛卯，昔，恆星不見，夜中星隕如雨。

傳 恆星者，經星也。（經，常也。謂常列宿。）日入至於星出謂之昔。不見者，可以見也。夜中星隕如雨。（如，而也。星既隕而復雨。）其隕也如雨，是夜中與？（星既隕而雨，必晦暝，安知夜中乎？）春秋著以傳著，疑以傳疑。（明實錄也。）中之幾也，而曰夜中，著焉爾。（幾，微也。星既隕而雨，中微難知，而曰夜中，自以實著爾，非億度而知。）何用見其中也？失變而錄其時，則夜中矣。（失星變之始，而錄其已隕之時，檢錄漏刻，以知夜中。）其不曰恆星之隕，何也？我知恆星之不見，而不知其隕也。我見其隕而接於地者，則是雨說也。（言我見從上來接於下，然後可言雨。星，今唯見在下，故曰隕星。）著於上，見於下，謂之雨。著於下，不見於上，謂之隕。豈雨說哉？（解經不得言雨星而言隕星也。鄭君曰：衆星列宿，諸侯之象。不見者，是諸侯棄天子禮義法度也。劉向曰：隕者，象諸侯隕墜，失其所也。又夜中而隕者，象不終其性命，中道而落。）

秋，大水。

傳 高下有水災曰大水。

無麥苗。

傳 麥苗同時也。（麥與黍稷之苗同時死。）

冬，夫人姜氏會齊侯于穀。（穀，齊地。）

傳 婦人不會，會非正也。

八年春王正月，師次于郎，以俟陳人、蔡人。（時陳、蔡欲伐魯，故出師以待之。）

傳 次，止也。俟，待也。

甲午，治兵。

傳 出曰治兵，習戰也。入曰振旅，習戰也。（振，整也。旅，衆也。）治兵而陳、蔡不至矣。兵事以嚴終，（以嚴整終事，故敵人不至。）故曰善陳者不戰，此之謂也。善爲國者不師，（導之以德，齊之以禮。江熙曰：鄰國望我，歡若親戚，何師之爲？○陳，直覲反。）善師者不陳，（師衆素嚴，不須耀軍列陳。江熙曰：上兵伐謀，何乃至陳。）善陳者不戰，（軍陳嚴整，敵望而畏之，莫敢戰。）善戰者不死，（投兵勝地，故無死者。江熙曰：辟實攻虛，則不死。）善死者不亡。（民盡其命，無奔背散亡者也。江熙曰：見危授命，義存君親，雖沒猶存。○背，音佩。）

夏，師及齊師圍郕，郕降于齊師。（○降，戶江反，下同。）

傳 其曰降于齊師何？不使齊師加威於郕也。（郕同姓之國，而與齊伐之，是用師之過也，故使若齊無武功而郕自降。）

秋，師還。○還音旋。

傳 還者，事未畢也，遯也。郕已降，而以未畢爲文者，蓋辟滅同姓之國，示不卒其事。

冬，十有一月，癸未，齊無知弑其君諸兒。

傳 大夫弑其君，以國氏者，嫌也，弑而代之也。

九年，春，齊人殺無知。

傳 無知之挈，失嫌也。稱人以殺大夫，殺有罪也。

公及齊大夫盟于暨。暨，魯地。○暨，其器反，左氏作蔇。

傳 公不及大夫。春秋之義，內大夫可以會諸侯，公不可以盟外大夫，所以明尊卑、定內外也。今齊國無君，要當有任其盟者，故不得不以權通。大夫不名，無君也。禮，君前臣名。齊無君，故大夫不名。盟納子糾也。不日，其盟渝也。盟變，立小白。當齊無君，制在公矣，當可納而不納，故惡內也。○惡，烏路反，下皆同。

夏，公伐齊納糾。

不言子糾而直云糾者，盟繫在於魯，故挈之也。春秋於內公子爲大夫者乃記其奔，子糾不爲大夫，故不書其奔。鄭忽既受命嗣位，是以書其出。然則重非嫡嗣，官非大夫，皆事例所略，故許叔、蔡季、小白、重耳，通亦不書出。○糾，左氏作子糾。重，直龍反。

傳 當可納而不納，齊變而後伐，故乾時之戰不諱敗，惡內也。何休曰：三年溺會齊師伐衛，故貶而名之；四年公及齊人狩于郜，故卑之曰人。今親納讎子，反惡其晚，恩義相違，莫此之甚。鄭君釋之曰：於讎不復，則怨不釋，而魯釋怨，屢會仇讎，一貶其臣，一卑其君，亦足以責魯臣子，其餘則同，不復譏也。至於伐齊納糾，譏當可納而不納爾，此自正義，不相反也。甯謂讎者無時而可與通，縱納之遲晚，又不能全保讎子，何足以惡內乎？然則乾時之戰不諱敗，齊人取子糾殺之，皆不逜其文，正書其事，內之大惡，不待貶絕，居然顯矣。二十四年公如齊親迎，亦其類也。惡內之言，傳或失之。○逜音迕。迎，魚敬反。

齊小白入于齊。

傳 大夫出奔反，以好曰歸，成十四年衛孫林父自晉歸于衛是也。以惡曰入。齊公孫無知弑襄公，公子糾、公子小白不能存，出亡。子糾奔魯，小白奔莒。齊人殺無知而迎公子糾於魯。公子小白不讓公子糾，先入，又殺之于魯，故曰齊小白入于齊，惡之也。○惡，烏路反。

秋，七月，丁酉，葬齊襄公。諸公子爭立，國亂，故危之。

八月，庚申，及齊師戰于乾時，我師敗績。不言及者，主名內之卑者。乾時，齊地。

九月，齊人取子糾殺之。言子糾者，明其貴宜爲君。

傳 外不言取，言取，病內也。取，易辭也。猶曰取其子糾而殺之云爾。猶言自齊之子糾，今取而殺之，言魯不能救護也。○易，以豉反。

十

室之邑可以逃難，百室之邑可以隱死，以千乘之魯而不能存子糾，以公爲病矣。

冬，浚洙。〔○浚音峻。〕

傳浚洙者，深洙也，著力不足也。〔畏齊難。〕

十年春王正月，公敗齊師于長勺。〔長勺，魯地。〕

傳不日，疑戰也。〔疑戰者，言不剋日而戰，以詐相襲。〕疑戰而曰敗，勝內也。〔勝內謂勝在內。〕

二月，公侵宋。

傳侵時，此其月何也？乃深其怨於齊，又退侵宋以衆其敵，惡之，故謹而月之。〔○惡，烏路反。〕

三月，宋人遷宿。

傳遷，亡辭也。〔爲人所遷，則無復國家，故曰亡辭。閔二年齊人遷陽亦是也。〕其不地，宿不復見也。〔國亡不復見經。不言滅者，言滅則殺其君，滅其宗廟社稷，就而有之，則不遷其民。〕遷者，猶未失其國家以往者也。〔謂自遷者，僖元年邢遷于夷儀，成十五年許遷于葉之類是也。彼二傳曰遷者猶得其國家以往者也，此傳云遷者猶未失其國家以往，互文也。○葉，舒涉反。〕

夏六月，齊師、宋師次于郎。

傳次，止也，畏我也。

公敗宋師于乘丘。〔乘丘，魯地。○乘，繩證反。〕

傳不日，疑戰也。疑戰而曰敗，勝內也。

秋九月，荆敗蔡師于莘，〔莘，蔡地。〕以蔡侯獻武歸。〔○武，左氏作舞。〕

傳荆者，楚也。何爲謂之荆？狄之也。何爲狄之？聖人立，必後至；天子弱，必先叛，故曰荆，狄之也。蔡侯何以名也？〔據僖十五年秦獲晉侯不名。〕絶之也。何爲絶之？獲也。中國不言敗，〔據宣十二年晉荀林父帥師及楚子戰于邲，晉師敗績，不言敗晉師。○邲，皮必反。〕此其言敗何也？中國不言敗，蔡侯其見獲乎？其言敗何也？釋蔡侯之獲也。以歸，猶愈乎執也。〔爲中國諱。見執，故言以歸。〕

冬十月，齊師滅譚，譚子奔莒。〔桓十一年鄭忽出奔衛，傳曰其名，失國也。十六年衛侯朔出奔齊，傳曰朔之名，惡也。然則出奔書名有二義。譚子國滅不名，蓋無罪也。凡書奔者，責不死社稷。不言出者，國滅無所出也。他皆放此。〕

十有一年春王正月。

夏五月戊寅，公敗宋師于鄑。〔鄑，魯地。○鄑，子移反。〕

傳內事不言戰，舉其大者。其日，成敗之也。（結日列陳，不以詐相襲，得敗師之道，故日成也。○陳，直覲反。）宋萬之獲也。

秋，宋大水。

傳外災不書，此何以書？王者之後也。高下有水災，曰大水。

冬，王姬歸于齊。

傳其志，過我也。（○過，古禾反。）

十有二年春王三月，紀叔姬歸于酅。（酅，紀邑也，紀季所用入于齊者。紀國既滅，故歸酅。）

傳國而曰歸，此邑也。其曰歸何也？吾女也，失國喜得其所，故言歸焉爾。（江熙曰：四年齊滅紀，不言滅而言失去者，義有所見爾。則國滅也，叔姬來歸不書，非歸寧，且非大歸也。叔姬守節積有年矣，紀季雖以酅入于齊，不敢懷貳。然襄公豺狼，未可闇信，桓公既立，德行方宣於天下，是以叔姬歸于酅，魯喜其女得申其志。）

夏四月。

秋八月甲午，宋萬弑其君捷。（捷，宋閔公。）

傳宋萬，宋之卑者也。卑者以國氏。及其大夫仇牧，以尊及卑也。仇牧，閑也。（仇牧扞衛其君，故見殺也。桓二年傳曰：臣既死，君不忍稱其名。今仇牧書名，則知宋君先弑。）

冬十月，宋萬出奔陳。（宋久不討賊，令得奔，故謹而月之。）

十有三年春，齊人、宋人、陳人、蔡人、邾人會于北杏。（北杏，齊地。）

傳是齊侯、宋公也。其曰人何也？始疑之。何疑焉？桓非受命之伯也，將以事授之者也。（言諸侯將權時推齊侯使行伯事。）曰可矣乎？未乎？（邵曰：疑齊桓雖非受命之伯，諸侯推之，便可以爲伯乎？未也。）舉人，衆之辭也。（稱人，言非王命，衆授之以事。）

夏六月，齊人滅遂。

傳遂，國也。其不日，微國也。

秋七月。

冬，公會齊侯盟于柯。（柯，齊地。）

傳曹劌之盟也，信齊侯也。（曹劌之盟，經無文，蓋有信者也。公羊傳曰：要盟可犯，而桓公不欺；曹子可讎，而桓公不怨。桓公之信著於天下，自柯之盟始。○劌，居衛反。要，於遙反。）桓盟雖內與不日，信也。（公盟例日，外諸侯盟例不日。桓大信遠著，故雖公與盟猶不日。○與音預，注同。）

十有四年春，齊人、陳人、曹人伐宋。

夏，單伯會伐宋。（○單音善。）

傳會，事之成也。（伐事已成，單伯乃至。）

秋七月荆入蔡。

傳 荆者楚也。其曰荆何也。州舉之也。州不如國。言荆不如言楚。國不如名。言楚不如言介葛盧。名不如字。言介葛盧不如言邾儀父。

冬單伯會齊侯、鄭伯于鄄。鄄，衛地。鄄音絹。

傳 復同會也。諸侯欲推以爲伯，故復同會于此以謀之。

十有五年春，齊侯、宋公、陳侯、衛侯、鄭伯會于鄄。

傳 復同會也。爲欲推桓爲伯，故復會於此。○爲欲，于僞反。

夏夫人姜氏如齊。

傳 婦人既嫁不踰竟，踰竟非禮也。

秋宋人、齊人、邾人伐郳。宋主兵，故序齊上也。班序上下，以國大小爲文，夷狄在下。征伐則以主兵爲先，春秋之常也。它皆放此。

鄭人侵宋。

冬十月。

十有六年春王正月。

夏宋人、齊人、衛人伐鄭。

秋荆伐鄭。

冬十有二月，會齊侯、宋公、陳侯、衛侯、鄭伯、許男、曹伯、滑伯、滕子同盟于幽。幽，宋地。○滑，于八反。

傳 同者，有同也，同尊周也。不言公，外內寮一疑之也。十三年春，會于北杏，諸侯俱疑齊桓非受命之伯，欲共以事推之可乎。今于此年，諸侯同共推桓，而魯與齊讐，外內同一疑公可事齊，不會不書公，以著疑焉。同官爲寮，謂諸侯也。至二十七年，同盟于幽，遂伯齊侯。

郳子克卒。

傳 其曰子，進之也。附齊而尊周室，王命進其爵。

十有七年春，齊人執鄭詹。○詹，者廉反。

傳 人者，衆辭也。以人執，與之辭也。與令得執。令，力呈反。○鄭詹，鄭之卑者。卑者不志，此其志何也。以其逃來志之也。逃來則何志焉。將有其末，不得不錄其本也。末謂逃來。鄭詹，鄭之佞人也。

夏齊人殲于遂。○殲，子廉反。

傳 殲者，盡也。然則何爲不言遂人盡齊人也。無遂之辭也。無遂則何爲言遂，其猶存遂也。以其能殺齊戍，故若遂之存。存遂奈何。曰齊人滅遂，使人戍之。遂之因氏飲戍者酒而殺之，齊人殲焉。此謂狎敵也。狎猶輕也。

秋鄭詹自齊逃來。

傳 逃義曰逃。齊稱人以執，是執有罪也。執得其罪，故曰義也。今而逃之，是逃義也。

冬，多麋。京房易傳曰：廢正作淫，爲火不明，則國多麋。○麋，亡悲反。

十有八年，春，王三月，日有食之。

傳 不言日，不言朔，夜食也。何以知其夜食也？曰：王者朝日。王制曰：天子玄冕而朝日於東門之外。故日始出而有虧傷之處，是以知其夜食也。何休曰：春秋不言月食日者，以其無形，故闕疑。其夜食何緣書乎？鄭君釋之曰：一日一夜合爲一日，今朔日日始出，其食有虧傷之處，未復，故知此自以夜食。夜食則亦屬前月之晦，故穀梁子不以爲疑。故雖爲天子，必有尊也；貴爲諸侯，必有長也。故天子朝日，諸侯朝朔。○長，丁丈反。

夏，公追戎于濟西。○濟，子禮反。

傳 其不言戎之伐我，何也？以公之追之，不使戎邇於我也。邇，猶近也。不使戎得逼近於我，故君入竟望風退走。于濟西者，大之也。何大焉？爲公之追之也。言戎遠來至濟西，必大徒衆，以公自追之，知其審然。○爲，于僞反。

秋，有蜮。蜮，短狐也。蓋含沙射人。京房易傳曰：忠臣進善，君不識，厥咎國生蜮。○蜮，本亦作蜮，音或。

傳 一有一亡曰有。蜮，射人者也。

冬，十月。

春秋穀梁傳卷五

春秋穀梁傳卷六

晉豫章太守順陽范　甯集解

明　後學　東吳葛　鼒較訂

莊公

十有九年春王正月。

夏四月。

秋公子結媵陳人之婦于鄄。遂及齊侯宋公盟。○媵以證反又繩證反

傳 媵淺事也。不志此其志何也。辟要盟也。魯實使公子結要二國之盟欲自託於大國未審得盟與不故以媵婦爲名得盟則盟不則止此行有辭也○要於遙反 何以見其辟要盟也。媵禮之輕者也。盟國之重也。以輕事遂乎國重無說。以輕遂重無他異說故知辟要盟耳 其曰陳人之婦略之也。但爲遂事假錄媵事耳故略言陳人之婦不處其主名○爲于僞反 其不日數渝惡之也。○數音朔惡烏路反

夫人姜氏如莒。

傳 婦人既嫁不踰竟。踰竟非正也。

冬齊人宋人陳人伐我西鄙。

傳 其曰鄙遠之也。其遠何也。不以難邇我國也。○難乃旦反

二十年春王二月夫人姜氏如莒。夫人比年如莒過而不改無禮尤甚故謹而月之

傳 婦人既嫁不踰竟。踰竟非正也。

夏齊大災。

傳 其志以甚也。外災不志甚謂災及人也外災例時

秋七月。

冬齊人伐我。

二十有一年春王正月。

夏五月辛酉鄭伯突卒。

秋七月戊戌夫人姜氏薨。

傳 婦人弗目也。鄭嗣曰弗目謂不目言其地也婦人無外事居有常所故薨不書地僖元年傳曰夫人薨不地此言弗目蓋互辭爾定九年得寶玉大弓傳曰弗目羞也蓋此類也江熙曰文姜有弑公之逆而弗目謂不題目文姜薨所也一曰弗目其罪弗目其罪

冬十有二月葬鄭厲公。

二十有二年春王正月肆大眚。○眚所景反

傳 肆失也。眚災也。易稱赦過宥罪書稱眚災肆赦經稱肆大眚皆放赦罪人蕩滌衆故有時而用之非經國之常制 災紀也。失故也。災謂罪惡紀治理也有罪當治理之今失之者以文姜之故 爲嫌天子之葬也。文姜罪應誅絕之罪不葬若不赦除衆惡而書葬者嫌天子許之明須赦而後得葬○爲于僞反

癸丑葬我小君文姜。

傳 小君非君也(不治其民)其曰君何也以其爲公配可以言小君也

陳人殺其公子禦寇(禦寇宣公之子○禦魚呂反又作御)

傳 言公子而不言大夫公子未命爲大夫也其曰公子何也公子之重視大夫(視此)命以執公子(大夫既命得執公子之禮一本大夫命以視公子)

夏五月(以五月首時甯所未詳)

秋七月丙申及齊高傒盟于防

傳 不言公高傒伉也(書日則公盟也高傒驕伉與公敵體恥之故不書公○伉苦浪反)

冬公如齊納幣

傳 納幣大夫之事也禮有納采(采擇女之德性也其禮用鴈爲贄者)有問名(問女名而卜之知吉凶也其禮如納采)有納徵(徵成也納幣以成婚)有告期(告迎期○迎魚敬反)四者備而後娶禮也公之親納幣非禮也故譏之(公母喪未再朞而圖婚傳無譏文但譏親納幣者喪婚不待貶絕而罪惡見)

二十有三年春公至自齊

祭叔來聘(祭叔天子寰內諸侯叔名○祭側界反寰音縣又音環)

傳 其不言使何也天子之內臣也不正其外交故不與使也(何休曰南季宰渠伯糾家父宰周公來聘皆稱使獨于此奪之何也鄭君釋之曰諸稱使者是奉王命其人無自來之意今祭叔不一心於王而欲外交不得王命來故去使以見之○去起呂反)

夏公如齊觀社

傳 常事曰視(視朔是也)非常曰觀觀無事之辭也(言無朝會之事○朝直遙反)以是爲尸女也(尸主也主爲女往爾以觀社爲辭○主爲于僞反)無事不出竟

公至自齊

傳 公如(陳公行例)往時正也(正謂無危懼也皆放此)致月故也如往月致月有懼焉爾

荊人來聘

傳 善累而後進之其曰人何也舉道不待再(明聘問之禮朝宗之道非夷狄之所能故一舉而進之)

公及齊侯遇于穀

傳 及者內爲志焉爾遇者志相得也

蕭叔朝公

傳 微國之君未爵命者其不言來於外也(言於穀朝公也)朝於廟正也於外非正也

秋，丹桓宮楹。

楹，柱。

傳 禮：天子諸侯黝堊，黝堊，黑色。○黝，於糾反，又於柳反。堊，烏路反，又烏各反。

大夫倉，士黈，黈，黃色。○黈，他苟反。丹楹，非禮也。

冬，十有一月，曹伯射姑卒。

○射音亦，本或作亦。

十有二月，甲寅，公會齊侯盟于扈。

桓盟不日，此盟日者，前公如齊觀社，傳曰「觀，無事之辭，以是爲尸女也」。公怠棄國政，此行犯禮，憂危甚矣。霸主降心，親與之盟，實有弘濟之功，而魯得免於罪，臣子所慶，莫重於此。時事所重，文亦宜詳，故特謹日以著之。○扈音戶。

二十有四年，春，王三月，刻桓宮桷。

○桷音角。

傳 禮：天子之桷，斲之礱之，加密石焉。以細石磨之。○礱，力公反。諸侯之桷，斲之礱之。大夫斲之。士斲本。刻桷，非正也。夫人，所以崇宗廟也。取非禮與非正而加之於宗廟，以飾夫人，非正也。非禮，謂娶讎女；非正，謂刻桷丹楹也。本非宗廟之宜，故曰加。言將親迎，欲爲夫人飾，又非正也。○迎，魚敬反，下皆同。刻桓宮桷，丹桓宮楹，斥言桓宮以惡莊也。不言新宮而謂之桓宮，以桓見殺於齊，而飾其宗廟，以榮讎國之女，惡莊不子。

葬曹莊公。

夏，公如齊逆女。

傳 親迎，恒事也，不志。此其志，何也？不正其親迎於齊也。

秋，公至自齊。

傳 迎者，行見諸，舍見諸。諸，之也。言瞻望夫人乘車。○乘，繩證反。先至，非正也。

八月，丁丑，夫人姜氏入。

哀姜。

傳 入者，內弗受也。日入，惡入者也。何用不受也？以宗廟弗受也。其以宗廟弗受何也？娶仇人子弟以薦舍於前，其義不可受也。薦，進。舍，置。

戊寅，大夫宗婦覿，用幣。

宗婦，同宗大夫之婦。

傳 覿，見也。禮，大夫不見夫人。不言及，不正其行婦道，故列數之也。男子之贄，羔、鴈、雉、腒。贄，所以至者也。上大夫用羔，取其從羣帥而不黨也。下大夫用鴈，取其知時飛翔有行列也。士冬用雉，夏用腒，取其耿介，交有時，別有倫也。腒，腊也。雉必用死，爲其不可生服也。夏用腒，備腐臭也。婦人之贄，棗、栗、鍛脩。棗，取其早自矜莊；栗，取其敬栗；鍛修，取斷斷自修整。○鍛，丁亂反。用幣，非禮也。用者，不宜用者也。大夫，國體也，國體，謂爲君股肱。而行婦道，惡之，故謹而日之也。○惡，烏路反。

大水。

冬。戎侵曹。曹羈出奔陳。

赤歸于曹郭公。

【傳】赤蓋郭公也。何爲名也。禮。諸侯無外歸之義。外歸非正也。徐乾曰。郭公。郭國之君也。名赤。蓋不能治其國。舍而歸于曹。君爲社稷之主。承宗廟之重。不能安之。而外歸他國。故但書名。以罪而微之。不直言赤。復云郭公者。恐不知赤者是誰。將若魯之微者。故以郭公著上者。則是諸侯失國之例。是無以見微之義。○郭。公羊音虢。著。張慮反。又張略反。

二十有五年。春。陳侯使女叔來聘。女氏。叔字。○女。音汝。

【傳】其不名何也。據成三年。晉侯使荀庚來聘。稱名。天子之命大夫也。

夏。五月。癸丑。衛侯朔卒。惠公也。犯逆失德。故不書葬。

六月。辛未。朔。日有食之。鼓。用牲于社。

【傳】言日言朔。食正朔也。鼓。禮也。用牲。非禮也。天子救日。置五麾。陳五兵五鼓。麾。旌旛也。五兵。矛。戟。鉞。楯。弓矢。諸侯置三麾。陳三鼓三兵。大夫擊門。士擊柝。言充其陽也。凡有聲皆陽事。以壓陰氣。柝。兩木相擊。充。實也。○柝。吐洛反。

伯姬歸于杞。

【傳】其不言逆。何也。逆之道微。無足道焉爾。

秋。大水。鼓。用牲于社。于門。門。國門也。

【傳】高下有水災曰大水。既戒鼓而駭衆。用牲可以已矣。救日以鼓兵。救水以鼓衆。

冬。公子友如陳。

二十有六年。春。公伐戎。

夏。公至自伐戎。

曹殺其大夫。

【傳】言大夫而不稱名姓。無命大夫也。無命大夫而曰大夫。賢也。爲曹羈崇也。徐邈曰。于時微國衰陵。不能及禮。其大夫降班失位。下同於庶。上故略稱人。而謂之無命大夫也。莒慶。莒挐。邾庶其。邾快。皆特以傳事書。非實能貴。故略名而已。楚雖荊蠻。漸自通於諸夏。故莊二十三年書荊人來聘。文九年又褒而書名。國轉疆大。書之益詳。然當僖公文公之世。楚猶未能自同于列國之故。得臣及椒並略名。惟屈完來會諸侯。以殊禮成之。楚莊王之興。爲江漢盟主。與諸夏之君權行抗禮。其勢疆于當年。而事交於內外。故春秋書之遂從中國之例。夫政俗隆替。存乎其人。三后之姓日失其序。而諸國乘閒。與之代興。因詳略之文。則可以見時事之實矣。秦爵伯也。上據西周班列中夏。故得稱師。有大夫。其大夫當名氏。而文十二年秦術略名。蓋于時晉主魯盟。而秦方敵晉。則魯之于秦情好疏矣。禮以飾情。情疏則禮略。春秋所以略文乎。又吳札不書氏。以成尊于上也。宋之盟叔孫豹不書氏。以著其能恭。此皆因事而爲義。○爲曹。于僞反。挐。女居反。又女加反。

秋，公會宋人、齊人伐徐。

冬十有二月癸亥朔，日有食之。

二十有七年春，公會杞伯姬于洮。伯姬，莊公女。洮，魯地。○洮，他刀反，本或作桃。

夏六月，公會齊侯、宋公、陳侯、鄭伯同盟于幽。

【傳】同者，有同也，同尊周也。於是而後授之諸侯也。其授之諸侯何也？齊侯得衆也。桓會不致，安之也。桓盟不日，信之也。信其信，仁其仁。衣裳之會十有一，十三年會北杏，十四年會鄄，十五年又會鄄，十六年會幽，二十七年又會幽，僖元年會檉，二年會貫，三年會陽穀，五年會首戴，七年會甯母，九年會葵邱。○檉，它貞反，又勑丁反。甯，如字，又音甯。母，音無，又茂后反。未嘗有歃血之盟也，信厚也。兵車之會四，未嘗有大戰也，愛民也。僖八年會洮，十三年會鹹，十五年會牡邱，十六年會淮。於末年乃言之，不道侵蔡伐楚者，方書其盛，不道兵車也。此則以兵車會而不用征伐。

秋，公子友如陳，葬原仲。原仲，陳大夫。原氏，仲字。

【傳】言葬不言卒，不葬者也。外大夫例不書卒。不葬而曰葬，諱出奔也。言季友辟內難而出，以葬原仲爲辭。○難，乃旦反。

冬，杞伯姬來。歸寧。

莒慶來逆叔姬。慶，名也，莒大夫也。叔姬，莊公女。禮檀弓記曰：陳莊子死，赴於魯，魯人欲勿哭。繆公召縣子而問焉。縣子曰：古之大夫，束修之問不出竟，雖欲哭之，安得而哭之？今之大夫，交致於中國，雖欲勿哭，安得勿哭？則大夫越竟逆女，非禮也。董仲舒曰：大夫無束修之饋，無諸侯之交，越竟逆女，紀罪之。○繆，音穆。縣，音玄。竟，音境。焉，於虔反。

【傳】諸侯之嫁子於大夫，主大夫以與之。君不敵臣。來者，接內也。不正其接內，故不與夫婦之稱也。接內謂與君爲禮也。夫婦之稱當言逆女。

杞伯來朝。杞稱伯，蓋時王所絀。

公會齊侯于城濮。城濮，衛地。

二十有八年春王三月甲寅，齊人伐衛。衛人及齊人戰，衛人敗績。

【傳】於伐與戰，安戰也？問在何處戰。戰衛，戰則是師也。其曰人何也？微之也。何爲微之也？今授之諸侯，而後有侵伐之事，故微之也。其人衛何也？以其人齊，不可不人衛也。齊桓始受方伯之任，未能信著鄰國，致有侵伐之事，貶師稱人，以微之也。人不可以敵于師，師不可以與人戰，故亦以衛師爲人。衛非有罪。衛小齊大，其以衛及之何也？以其微之，可以言及也。其稱人以敗何也？不以師敗於人也。人輕而師重。

夏四月丁未邾子瑣卒

秋荊伐鄭

傳荊者楚也其曰荊州舉之也

公會齊人宋人救鄭

傳善救鄭也

冬築微微魯邑○微左氏作麋

傳山林藪澤之利所以與民共也虞之非正也虞典禽獸之官言規固而築之又置官司以守之是不與民共其利也築不志凡志皆譏也築例時

大無麥禾

傳大者有顧之辭也於無禾及無麥也一災不書於冬無禾而後顧錄無麥故言大明不收甚

臧孫辰告糴于齊臧孫辰魯大夫臧文仲○糴音狄

傳國無三年之畜曰國非其國也一年不升告糴諸侯告請也糴糴也不正故舉臧孫辰以爲私行也爲內諱故不稱使使若私行○畜勑六反下同爲內于僞反○國無九年之畜曰不足無六年之畜曰急無三年之畜曰國非其國也諸侯無粟諸侯相歸粟正也臧孫辰告糴于齊告然後與之言內之無外交也古者稅什一宣十五年注詳矣豐年補敗敗謂凶年不外求而上下皆足也雖累凶年民弗病也一年不艾而百姓饑君子非之不言如爲內諱也○艾牛蓋反

二十有九年春新延廄○廄九又反

傳延廄者法廄也周禮天子十二閑馬六種邦國六閑馬四種每廄一閑言法廄者六閑之舊制也其言新有故也言改故而新之有故則何爲書也古之君人者必時視民之所勤民勤於力則功築罕罕希民勤於財則貢賦少民勤於食則百事廢矣凶荒殺禮○殺所界反○冬築微春新延廄以其用民力爲已悉矣悉盡

夏鄭人侵許

秋有蜚穀梁說曰蜚者南方臭惡之氣所生也象君臣淫泆有臭惡之行○蜚扶味反行下孟反

傳一有一亡曰有

冬十有二月紀叔姬卒紀國雖滅叔姬執節守義故繫之紀賢而錄之

城諸及防諸防皆魯邑

傳可城也以大及小也傳例曰凡城之志皆譏今云可城者謂冬可用城不妨

農役耳不譏作城無譏

三十年春王正月

夏師次于成

傳次止也有畏也欲救鄣而不能也不言公恥不能救鄣也畏齊○鄣音章

秋七月齊人降鄣

○降戶江反

傳降猶下也鄣紀之遺邑也

八月癸亥葬紀叔姬

傳不日卒而日葬閔紀之亡也

九月庚午朔日有食之鼓用牲于社

救日用牲既失之矣非正陽之月而又伐鼓亦非禮

冬公及齊侯遇于魯濟

濟水名○濟子禮反

傳及者內爲志焉爾遇者志相得也

齊人伐山戎

傳齊人者齊侯也其曰人何也愛齊侯乎山戎也不以齊侯敵乎山戎故稱人其愛之何也桓內無因國外無從諸侯而越千里之險北伐山戎危之也內無因緣山戎左右之國爲內間者外無諸侯者不煩役寮國○從才用反則非之乎善之也遺伐山戎雖危勸王職貢則善何善乎爾燕周之分子也燕周大保召康公之後成王所封分子謂周之別子孫也○燕音烟大音泰貢職不至山戎爲之伐矣言由山戎爲害伐擊燕使之隔絕於周室

三十有一年春築臺于郎

夏四月薛伯卒

築臺于薛

薛魯地

六月齊侯來獻戎捷

獻下奉上之辭也春秋尊魯故曰獻

傳齊侯來獻捷者內齊侯也不言使內與同不言使也泰曰齊桓內救中國外攘夷狄親倚之情不以齊爲異國故不稱使若同一國也獻戎捷軍得曰捷戎菽也菽豆

秋築臺于秦

秦魯地

傳不正罷民三時虞山林藪澤之利且財盡則怨力盡則懟懟恚恨也○罷音皮下同君子危之故謹而志之也或曰倚諸桓也桓外無諸侯之變內無國事越千里之險北伐山戎爲燕辟地辟開○辟婢亦反魯外無諸侯之變內無國事一年罷民三時虞山林藪澤之利惡內也譏公依倚齊桓而與桓行異○惡烏路反行下孟反

冬，不雨。

三十有二年，春，城小穀。小穀，魯邑。

夏，宋公、齊侯遇于梁丘。

【傳】遇者，志相得也。梁丘在曹、邾之間，去齊八百里。非不能從諸侯而往也。辭所遇，遇所不遇，大齊桓也。辭所遇，謂八百里間諸侯必有願從者而不之遇。所不遇，謂遠遇宋公也。

秋，七月，癸巳，公子牙卒。牙，慶父同母弟。何休曰：傳例大夫不日卒，惡也。牙與慶父共淫哀姜，謀殺子般，而日卒，何也？鄭君釋之曰：牙，莊公母弟，不言弟，其惡已見，不待去日矣。甯案：傳例諸侯之尊，弟兄不得以屬通，蓋以禮諸侯絕朞，而臣諸父昆弟，稱昆弟則是申其私親也。宣十七年，公弟叔肸卒，傳曰：其曰公弟叔肸，賢之也。然則不稱弟，自其常例耳，鄭君之說，其所未詳。

八月，癸亥，公薨于路寢。公薨皆書其所，謹凶變。

【傳】路寢，正寢也。寢疾居正寢，正也。男子不絕于婦人之手，以齊終也。齊，絜。○齊，側皆反。

冬，十月，乙未，子般卒。在喪，故稱子。般，其名也。莊公大子，不書弒，諱也。

【傳】子卒日，正也。襄三十一年秋九月癸巳，子野卒是也。不日，故也。文十八年冬十月，子赤卒是也。有所見則日。閔公不書卽位，是見繼弒者也。故慶父弒子般，子般可以日卒，不待不日而顯。

公子慶父如齊。

【傳】此奔也。其曰如，何也？據閔二年慶父奔莒不言如。諱莫如深，深則隱。深，謂君弒賊奔，隱痛之至也。故子般日卒，慶父如齊。苟有所見，莫如深也。閔公不書卽位，見子般之弒，慶父出奔。

狄伐邢。

閔公

元年，春，王正月。

【傳】繼弒君不言卽位，正也。親之非父也，兄也。尊之非君也，未踰年也。繼之如君父也者，受國焉爾。

齊人救邢。

【傳】善救邢也。善齊桓得伯之道。

夏，六月，辛酉，葬我君莊公。

【傳】莊公葬而後舉諡，諡所以成德也，於卒事乎加之矣。

秋，八月，公及齊侯盟于洛姑。洛姑，齊地。

【傳】盟納季子也。

季子來歸。

【傳】其曰季子，貴之也。大夫稱名氏，今曰子，是貴之也。子，男子之美稱。其曰來歸喜之也大夫出使歸不書執然後致不言歸國內之人不曰來今言來者明本欲遂去同他國之人也言歸者明實魯人也喜之者季子賢大夫以亂故出奔國人思之愿其遂去不反今得其還故皆喜曰季子歸來

冬齊仲孫來

傳其曰齊仲孫外之也魯絶之故繫之于齊其不目而曰仲孫疏之也不目謂不言公子慶父其言齊以累桓也繫仲孫於齊言相容故有罪○累劣僞反

二年春王正月齊人遷陽

夏五月乙酉吉禘于莊公三年喪畢致新死者之主於廟廟之遠主當遷入大祖之廟因是大祭以審昭穆謂之禘莊公喪制未闋時別立廟廟成而吉祭之不於大廟故詳書以示譏○大音泰下同闋苦穴反

傳吉禘者不吉者也喪事未畢而舉吉祭故非之也莊公薨至此方二十二月喪未畢

秋八月辛丑公薨

傳不地故也其不書葬不以討母葬子也凡君弒賊討則書葬哀姜實被討而不書葬者不以討母葬子

九月夫人姜氏孫于邾哀姜與弒閔公故出奔○孫音遜

傳孫之爲言猶孫也諱奔也

公子慶父出奔莒

傳其曰出絶之也慶父不復見矣慶父弒子般閔公不書弒諱之

冬齊高子來盟

傳其曰來喜之也其曰高子貴之也盟立僖公也不言使何也據桓十四年鄭伯使其弟禦來盟言使不以齊侯使高子也齊侯不討慶父使魯重罹其禍今若高子自來非齊侯所得使也猶屈完不稱使也江熙曰魯頻弒君僖公非正也桓公遣高傒立僖公以存魯魯人德之不名其使以貴之貴其使則其主重矣○傒音奚使所吏反

十有二月狄入衛僖公二年城楚丘以封衛則衛爲狄所滅明矣不言滅而言入者春秋爲賢者諱齊桓公不能攘夷狄救中國故爲之諱

鄭棄其師

傳惡其長也兼不反其衆則是棄其師也長謂高克也高克好利不顧其君文公惡而遠之不能使高克將兵禦狄于竟陳其師旅翱翔河上久而不召衆散離散高克進之不以禮文公退之不以道危國亡師之本○惡其烏路反注同長丁丈反兼戶謙反又如字將子匠反竟音境

春秋穀梁傳卷六

春秋穀梁傳卷七

晉豫章太守順陽范　甯集解

明　後學　東吴金　蟠較訂

僖公

元年，春，王正月。

傳 繼弑君不言即位，正也。

齊師、宋師、曹師次于聶北，救邢。聶北，邢地。

傳 救不言次，據莊六年王人子突救衛，不言次。言次，非救也。次，止也。救，赴急之意，今方停止，故知非救也。非救而曰救，何也？遂齊侯之意也。録其本意。是齊侯與？怪其稱師。齊侯也。何用見其是齊侯也？據經書齊師。曹無師。曹師者，曹伯也。小國君將稱君，卿將稱人，不得稱師。言師則是曹伯也。曹君不可稱師在下，故知是齊侯。○將，子匠反。其不言曹伯，何也？以其不言齊侯，不可言曹伯也。其不言齊侯，何也？以其不足乎揚，不言齊侯也。救不及事，不足稱揚。

夏，六月，邢遷于夷儀。辟狄難。夷儀，邢地。

傳 遷者，猶得其國家以往者也。其地，邢復見也。非若宋人遷宿，滅不復見。

齊師、宋師、曹師城邢。

傳 是向之師也。使之如改事然，美齊侯之功也。是向聶北之無。當言遂，今復列三國者，美齊桓存亡國。○向，許亮反，本又作鄉。

秋，七月，戊辰，夫人姜氏薨于夷。哀姜。

齊人以歸。

傳 夫人薨不地。地，故也。不言以喪歸，非以喪歸也。加喪焉，諱以夫人歸也。泰曰：齊人實以夫人歸，殺之于夷。諱，故使若自行至夷，遇疾而薨，然後齊人以喪歸也。歸在薨前而今在下，是加喪之文也。經不言以喪歸者，以本非以喪歸也。傳例曰：以者，不以者也。微旨見矣。其以歸，薨之也。以歸，然後殺之。

楚人伐鄭。

八月，公會齊侯、宋公、鄭伯、曹伯、邾人于檉。檉，宋地。○檉，敕貞反，一本作打，音同。

九月，公敗邾師于偃。偃，邾地。○一本作堰。

傳 不日，疑戰也。疑戰而曰敗，勝內也。

冬，十月，壬午，公子友帥師敗莒師于麗，獲莒挐。麗，魯地。傳例曰：獲者，不與之辭。○麗，力他反。挐，女居反，又女加反。

傳 莒無大夫，其曰莒挐，何也？據非大夫不書。以吾獲之目之也。內不言獲，獲者，不與之辭。主害以內，故不言獲。此其言獲，何也？據文十一年叔孫得臣敗狄于鹹，不言獲長狄。惡公子之紿。紿，欺紿也。○惡，烏路反。紿徒乃反紿者奈何公子友謂莒挐曰吾二人不相說士卒何罪屏左右而相搏公子友處下左右曰孟勞孟勞者魯之寶刀也公子友以殺之然則何以惡乎紿也據得勝地○說音悅曰棄師之道也江熙曰經書敗莒師而傳云二人相搏則師不戰何以得敗理自不通也夫王赫斯怒貴在爰整子所慎三戰居其一季友令德之人豈當舍三軍之整佻身獨鬭潛刃相害以決勝負者哉雖千載之事難明然風味之所期古猶今也此又事之不然傳或失之○舍音捨佻他堯反又徒堯反

十有二月丁巳夫人氏之喪至自齊

傳其不言姜以其殺二子貶之也二子子般閔公或曰為齊桓諱殺同姓也

二年春王正月城楚丘

傳楚丘者何衛邑也國而曰城此邑也其曰城何也據元年齊師宋師曹師城邢邢國也封衛也閔二年狄入衛遂滅則其不言城衛何也衛未遷也其不言衛之遷焉何也據元年邢遷于夷儀言遷也不與齊侯專封也其言城之者專辭也故非天子不得專封諸侯諸侯不得專封諸侯雖通其仁以義而不與也存衛是桓之仁故通令城楚丘義不可以專封故不言遷衛○令力呈反故曰仁不勝道仁謂存亡國道謂上下之禮

夏五月辛巳葬我小君哀姜

虞師晉師滅夏陽

傳非國而曰滅重夏陽也虞無師其曰師何也以其先晉不可以不言師也人不得居師上貴賤之序○夏陽左氏下陽先蘇薦反其先晉何也據小不先大為主乎滅夏陽也夏陽者虞虢之塞邑也其地險要故二國以為塞邑滅夏陽而虞虢舉矣虞之為主乎滅夏陽何也晉獻公欲伐虢荀息曰君何不以屈產之乘垂棘之璧而借道乎虞也荀息晉大夫屈邑產馬垂棘出良璧○屈其勿反又君勿反公曰此晉國之寶也如受吾幣而不借吾道則如之何荀息曰此小國之所以事大國也此謂璧馬之屬彼不借吾道必不敢受吾幣如受吾幣而借吾道則是我取之中府而藏之外府取之中廄而置之外廄也公曰宮之奇存焉宮之奇虞之賢大夫○廄音救奇其宜反必不使受之也荀息曰宮之奇之為人也達心而懦懦弱又少長于君達心則其言略明達之人言則舉綱領要不言提其耳則愚者不悟懦則不能强諫少長于君則君輕之且夫玩好在耳目之前而患在一國之後此中知以上乃能慮之臣料虞君中知以下也公遂借道而伐虢宮之奇諫曰晉國之使者其辭卑而幣重必不便於虞虞公弗聽遂受其幣而借之道宮之奇諫曰語曰脣亡則齒寒其斯之謂與語諺言也○好呼報反知音智挈其妻子以奔曹

獻公亡虢五年而後舉虞荀息牽馬操璧而前曰璧則猶是也而馬齒加長矣猶是言如故○長丁丈反

秋九月齊侯宋公江人黃人盟于貫貫宋地

傳貫之盟不期而至者江人黃人也江人黃人者遠國之辭也中國稱齊宋遠國稱江黃以爲諸侯皆來至也

冬十月不雨

傳不雨者勤雨也言不雨是欲得雨之心勤也明君之恤民

楚人侵鄭

三年春王正月不雨

傳不雨者勤雨也

夏四月不雨一時不雨則書首月不言旱不爲災

傳一時言不雨者閔雨也經一時輒言不雨憂民之至閔憂也閔雨者有志乎民者也

徐人取舒

六月雨

傳雨云者喜雨也喜雨者有志乎民者也

秋齊侯宋公江人黃人會于陽穀陽穀齊地

傳陽穀之會桓公委端搢笏而朝諸侯委委貌之冠也端玄端之服搢插也笏以記事者也所謂衣裳之會○搢音進又音箭朝直遙反諸侯皆諭乎桓公之志

冬公子季友如齊莅盟傳例曰莅位也內之前定之盟謂之莅外之前定之盟謂之來

傳莅者位也盟誓之言素定今但往其位而盟其不日前定也不言及者以國與之也不言其人亦以國與之也

楚人伐鄭

四年春王正月公會齊侯宋公陳侯衛侯鄭伯許男曹伯侵蔡蔡潰傳例曰侵時而此月蓋爲潰

傳潰之爲言上下不相得也君臣不和而自潰散侵淺事也侵蔡而蔡潰以桓公爲知所侵也責得其罪故裁侵而潰不土其地不分其民明正也

遂伐楚次于陘楚彊齊欲綏之以德故不速進而次于陘陘楚地○陘音刑

傳遂繼事也次止也

夏許男新臣卒十四年冬蔡侯肸卒傳曰諸侯時卒惡之也宜九年辛酉晉侯黑臀卒于扈傳曰其地于外也其日

未踰竟也然則新臣卒于楚故不日耳非惡也

傳諸侯死于國不地死于外地死于師何爲不地據宣九年晉侯黑臀卒于扈地內桓師也齊桓威德洽著諸侯安之雖卒於外與其在國同

楚屈完來盟于師盟于召陵屈完來如陘師盟齊桓以其服義爲退一舍次于召陵而與之盟召陵楚地

傳楚無大夫無命卿也其曰屈完何也以其來會桓成之爲大夫也尊齊桓不欲令與卑者盟其不言使權在屈完也邵曰齊桓威陵江漢楚人大懼未能量敵遣屈完如師完權事之宜以義卻齊遂得與盟以安竟內功皆在完故不言使則是正乎曰非正也臣無自專之道以其來會諸侯重之也重其宗中國歸有道來者何內桓師也來者內辭也內桓師故言來于師前定也于召陵得志乎桓公也得志者不得志也屈完來盟桓公退于召陵不是屈完得其本志屈完得志則桓公不得志以桓公得志爲僅矣桓爲霸主以會諸侯楚子不來屈完受盟令問諸江辭又不順僅乃得志言楚之難服屈完曰大國之以兵向楚何也桓公曰昭王南征不反菁茅之貢不至故周室不祭菁茅香草所以縮酒楚之職貢屈完曰菁茅之貢不至則諾昭王南征不反我將問諸江問江邊之民有見之者不此不服罪之言故退于召陵而與之盟屈完所以得志桓公之不得志爾

齊人執陳袁濤塗袁濤塗陳大夫

傳齊人者齊侯也其人之何也於是哆然外齊侯也不正其踰國而執也江熙曰踰國謂踰陳而執陳大夫主人之不敬客由客之先不敬主人哆然衆有不服之心故春秋因而譏之所謂以萬物爲心也莊十七年齊人執鄭詹傳與其執者詹奔在齊因執之○哆昌者反

秋及江人黃人伐陳

傳不言其人及之者何內師也

八月公至自伐楚

傳有二事偶則以後事致後事小則以先事致其以伐楚致大伐楚也鄭君曰會爲大事伐爲小事今齊桓伐楚而後盟于召陵公當致會而致伐者楚彊莫能伐者故以伐楚爲大事

葬許穆公

冬十有二月公孫茲帥師會齊人宋人衛人鄭人許人曹人侵陳莊十年春二月公侵宋傳曰侵時此其月何也惡之故謹而月之然則凡侵而月者皆惡之

五年春晉侯殺其世子申生

傳目晉侯斥殺惡晉侯也斥指斥

杞伯姬來朝其子

傳婦人既嫁不踰竟踰竟非正也諸侯相見曰朝伯姬爲志乎朝其子也伯姬爲志乎朝其子則是

杞伯失夫之道矣。凱曰：不能刑于寡妻。諸侯相見曰朝。以待人父之道待人之子，非正也。故曰杞伯姬來朝其子，參譏也。參譏，謂伯姬、杞伯、魯侯也。桓九年，曹伯使其世子射姑來朝，譏世子。此不譏者，明子隨母行，年尚幼弱，未可責以人子之道。伯姬以莊二十五年夏嫁，至今十三年，則子幼可知。○參，七南反，又音三。

夏，公孫茲如牟。

公及齊侯、宋公、陳侯、衛侯、鄭伯、許男、曹伯會王世子于首戴。惠王之世子名鄭，後立爲襄王。首戴，衛地。○首戴，左氏作首止。

傳 及以會，尊之也。言及諸侯，然後會王世子，不敢令世子與諸侯齊列。何尊焉？王世子云者，唯王之貳也。云可以重之存焉，尊之也。何重焉？天子世子世天下也。

秋八月，諸侯盟于首戴。言諸侯者，前目而後凡，他皆放此。

傳 無中事而復舉諸侯，何也？尊王世子而不敢與盟也。尊則其不敢與盟，何也？盟者，不相信也，故謹信也。不敢以所不信而加之尊者。桓，諸侯也，不能朝天子，是不臣也。王世子，子也，塊然受諸侯之尊己而立乎其位，是不子也。桓不臣，王世子不子，則其所善焉何也？是則變之正也。雖非禮之正，而合當時之宜。天子微，諸侯不享覲。桓控大國，扶小國，統諸侯，不能以朝天子，亦不敢致天王，尊王世子于首戴，乃所以尊天王之命也。世子含王命會齊桓，亦所以尊天王之命也。世子受之可乎？是亦變之正也。天子微，諸侯不享覲，世子受諸侯之尊己，而天王尊矣。世子受之可也。○控，苦貢反。

鄭伯逃歸不盟。

傳 以其去諸侯，故逃之也。專己背所，故書逃。傳例曰：逃，義曰逃。

楚人滅弦，弦子奔黃。

傳 弦，國也。其不日，微國也。

九月戊申朔，日有食之。

冬，晉人執虞公。虞公貪璧馬之寶，棄兄弟之親，拒絕忠諫之口，不圖社稷之危，故晉命行于虞，使下執上，虞同于晉。是以謂之晉人執虞公。江熙曰：春秋有州公、郭公、虞公，凡三公，非爵也，傳以爲下執之辭。嘗試因此論之，五等諸侯，民皆稱曰公，存有王爵之限，沒則申其臣民之稱。州公舍其國，故先書州公；郭公盜而歸曹，故先名而後稱郭公；夏陽亡，則虞爲滅國，故宜稱虞公。三人殊而一致，三公舛而同一生死，齊稱，蓋春秋所賤。○舛，昌兖反。

傳 執不言所于地，緼于晉也。時虞已包裹屬於晉，故雖在虞執而不書其虞。○緼，紆粉反。裹，音果。其曰公，何也？猶曰其下執之之辭也。臣民執其君，故稱公。其猶下執之之辭，何據十九年宋人執滕子嬰齊，不言公。

也。晉命行乎虞民矣。虞服于晉，故從晉命而執其君。虞、虢之相救，非相爲賜也。今日亡虢而明日亡虞矣。言明日，喻其速。

春秋穀梁傳卷七

春秋穀梁傳卷八

晉豫章太守順陽范　甯集解

明　後學　東吴葛　鼒較訂

僖公

六年，春，王正月。

夏，公會齊侯、宋公、陳侯、衛侯、曹伯伐鄭，圍新城。

傳伐國不言圍邑，此其言圍，何也？（據元年楚人伐鄭不言圍。）病鄭也。著鄭伯之罪也。（泰曰：諸伐國而言圍邑，傳皆以爲伐者之罪，而以此著鄭伯之罪者，齊桓行霸，尊崇王室，糾合諸侯，翼戴世子，盟之美者，莫盛於此，而鄭伯辟義逃歸，違叛霸者，是以諸侯伐而圍之，罪著于上，討顯于下，圍伐之文雖同，而善惡之義有殊，亦猶桓盟不日以明信，而葵丘之盟日之以爲美。）

秋，楚人圍許，諸侯遂救許。（伐鄭之諸侯。）

傳善救許也。

冬，公至自伐鄭。

傳其不以救許致，何也？大伐鄭也。

七年，春，齊人伐鄭。

夏，小邾子來朝。

鄭殺其大夫申侯。

傳稱國以殺大夫，殺無罪也。

秋，七月，公會齊侯、宋公、陳世子款、鄭世子華盟于寧母。（寧母，某地。○寧母，上音如字，又音甯；下音無，又茂后反。左氏作甯。）

傳衣裳之會也。

曹伯班卒。

公子友如齊。

冬，葬曹昭公。

八年，春，王正月，公會王人、齊侯、宋公、衛侯、許男、曹伯、陳世子款盟于洮。（洮，曹地。）

傳王人之先諸侯，何也？貴王命也。朝服雖敝，必加於上；弁冕雖舊，必加於首；周室雖衰，必先諸侯。兵車之會也。

鄭伯乞盟。

傳以向之逃歸乞之也。（向謂五年逃首戴之盟，齊桓爲兵車之會于此，乃震服懼不得盟，故乞得與之。不錄使者，使若鄭伯自來，所以抑一人之惡，申衆人之善。○向，香亮反，本又作鄉。與音豫。使者，所吏反。）乞者，重辭也。（人道貴讓，故以乞爲重。）重是盟也。（悔前逃歸，故以重言。）乞者，處其所而請與也。（言乞，知不自來。）蓋汋之也。（汋血而與之。○汋，由若反，又音酌。）

夏，狄伐晉。

秋七月禘于太廟。禘三年大祭之名大廟周公廟禮記明堂位曰季夏六月以禘禮祀周公于太廟雜記下曰孟獻子曰七月日至可以有事於祖七月而禘獻子爲之案宣九年仲孫蔑如京師於是獻子始見經○襄十九年卒然則失禮非獻子所始明矣雜記之云甯所未詳

用致夫人。劉向曰夫人成風也致之于大廟立之以爲夫人

傳用者不宜用者也。致者不宜致者也。言夫人必以其氏姓。言夫人而不以氏姓，非夫人也。立妾之辭也，非正也。夫人者正嫡之稱謂非崇妾之嘉號以妾體君則上下無別雖尊其母是卑其父故曰非正也禮有君之母非夫人者又庶子爲後爲其母緦是妾不爲夫體明矣夫人之，我可以不夫人之乎。夫人卒葬之，我可以不卒葬之乎。鄭嗣曰君以爲夫人君以夫人之禮卒葬之主書者不得不以爲夫人也成風以文四年薨五年葬傳終說其事一則以宗廟臨之而後貶焉。臣無貶君之義故于大廟去夫人氏姓以明君之非正一則以外之弗夫人而見正焉。秦人來歸僖公成風之襚不言夫人○襚音遂

冬十有二月丁未，天王崩。惠王也

九年春王三月丁丑，宋公禦說卒。○禦本亦作御說音悅

夏，公會宰周公、齊侯、宋子、衛侯、鄭伯、許男、曹伯于葵丘。宰官周采地天子三公不字宋子襄公葵丘地名

傳天子之宰通于四海。宰天官冢宰兼爲三公者三公論道之官無事于會盟冢宰掌建邦之六典以佐王治邦國故曰通于四海宋其稱子何也？未葬之辭也。禮，柩在堂上，孤無外事。今背殯而出會，以宋子爲無哀矣。欑木如椁塗之曰殯殷人殯于兩楹之間周人殯于西階之上宋殷後也○柩其救反欑才官反

秋七月乙酉，伯姬卒。

傳內女也，未適人不卒，此何以卒也？許嫁笄而字之，死則以成人之喪治之。女子許嫁不爲殤死則以成人之喪治之謂許嫁于諸侯尊同則服大功九月吉笄以象爲之刻鏤其首以爲飾成人著之○笄古兮反殤式羊反著丁略反

九月戊辰，諸侯盟于葵丘。

傳桓盟不日，此何以日？美之也。爲見天子之禁，故備之也。何休以爲卽日爲美其不日皆爲惡也桓公之盟不日皆爲惡邪莊十三年柯之盟不日爲信至此日以爲美義相反也鄭君釋之曰柯之盟不日因始信之自其後盟以不日爲平文從陽穀已來至此葵丘之盟皆令諸侯以天子之禁桓德極而將衰故備日以美之自此不復盟矣○爲見于僞反下賢偏反復扶又反葵丘之盟，陳牲而不殺，所謂無歃血之盟鄭君曰盟牲諸侯用牛大夫用猳○歃本又作插猳音加讀書加于牲上，壹明天子之禁，壹猶專也曰：毋雍泉，專水利以障谷○雍於勇反毋訖

糴訖止也謂貯粟〇糴音狄貯張呂反毋易樹子樹子嫡子毋以妾爲妻
毋使婦人與國事女正位於內〇與音豫
甲子晉侯詭諸卒
獻公也枉殺世子申生失德不葬〇詭諸左氏作佹諸
冬晉里克殺其君之子奚齊
傳其君之子云者國人不子也國人不子何也不
正其殺世子申生而立之也諸侯在喪稱子言國人不君之故繫于其君
十年春王正月公如齊
狄滅溫溫子奔衛
晉里克弑其君卓及其大夫荀息
傳以尊及卑也荀息閑也
夏齊侯許男伐北戎
晉殺其大夫里克
傳稱國以殺罪累上也里克弑二君與一大夫二君奚齊卓子一大夫荀息其以累上之辭言之何也據有罪其殺
之不以其罪也其殺之不以其罪奈何里克所爲
弑者爲重耳也殺奚齊卓子者欲以重耳爲君重耳夷吾兄文公〇所爲于僞反下文皆同重直龍反夷吾曰是又將殺我乎故殺之不以其
罪也其爲重耳弑奈何晉獻公伐虢得麗姬獻公
私之有二子長曰奚齊稚曰卓子麗姬欲爲亂亂謂殺申生而立其子〇麗力知反故謂君曰吾夜者夢夫人趨而來
曰吾苦畏夫人申生母胡不使大夫將衛士而衛冢乎
公曰孰可使曰臣莫尊於世子則世子可故君謂
世子曰麗姬夢夫人趨而來曰吾苦畏女其將衛
士而往衛冢乎世子曰敬諾築宮宮成麗姬又曰
吾夜者夢夫人趨而來曰吾苦饑世子之宮已成
則何爲不使祠也故獻公謂世子曰其祠世子祠
已祠致福於君君田而不在麗姬以酖爲酒藥脯
以毒獻公田來麗姬曰世子已祠故致福於君君
將食麗姬跪曰食自外來者不可不試也覆酒於
地而地賁賁沸起也〇女音汝下皆同祠自絲反酖直蔭反賁扶粉反以脯與
犬犬死麗姬下堂而啼呼曰天乎天乎國子之國
也子何遲於爲君君喟然歎曰吾與女未有過切吾與女未有過差切急是何與我之深也使人謂世子曰爾
其圖之世子之傅里克謂世子曰入自明入自明
則可以生不入自明則不可以生世子曰吾君已
老矣已昏矣吾若此而入自明則麗姬必死麗姬
死則吾君不安所以使吾君不安者吾不若自死
吾寧自殺以安吾君以重耳爲寄矣慮麗姬又譖重耳故以託

里克使保全之刎脰而死。○脰音豆故里克所爲弑者爲重耳也。夷吾曰：是又將殺我也。

秋七月。

冬，大雨雪。○雨于付反

十有一年春，晉殺其大夫丕鄭父。○丕浦悲反

傳 稱國以殺，罪累上也。

夏，公及夫人姜氏會齊侯于陽穀。

秋八月，大雩。

傳 雩，月，正也。雩得雨曰雩，不得雨曰旱。禮，龍見而雩，常祀不書。書者皆以旱也，故得雨則喜，以月爲正也。不得雨則書旱，明旱災成。何休曰：公羊書雩者，善人君應變求索，不雩則言旱，旱而不害物言不雨也。就如穀梁說，本不雩，何以明之？如以不雨明之，設旱而不害物，何以別乎？鄭君釋之曰：雩者，夏所穀實之禮也，旱亦用焉。得雨書雩，明雩有益；不得雨書旱，明旱災成。後得雨無及也。國君而遭旱，雖有不憂民事者，何乃廢禮本不雩禱哉！顧不能致精誠也。旱而不害物，固以久不雨別之。文二年、十三年自十有二月自正月不雨至于秋七月是也。穀梁傳曰：歷時而言不雨，文不閔雨也。以文不憂雨，故不如僖時書不雨，文所以不閔雨者，素無志於民，性退弱而不明，又見時久不雨而無災耳。○雩音于。龍見，賢遍反，下同。素所自反。

冬，楚人伐黃。

十有二年春王正月庚午，日有食之。

夏，楚人滅黃。

傳 貫之盟，管仲曰：江、黃遠齊而近楚，楚，爲利之國也。若伐而不能救，則無以宗諸侯矣。宗諸侯，謂諸侯宗之。○貫古亂反。爲，于僞反。桓公不聽，遂與之盟。管仲死，楚伐江、滅黃，桓公不能救，故君子閔之也。閔其貪慕伯者以致滅。

秋七月。

冬十有二月丁丑，陳侯杵臼卒。

十有三年春，狄侵衛。

夏四月，葬陳宣公。

公會齊侯、宋公、陳侯、衛侯、鄭伯、許男、曹伯于鹹。鹹，衛地。○鹹音咸。

傳 兵車之會也。

秋九月，大雩。

冬，公子友如齊。

十有四年春，諸侯城緣陵。緣陵，杞邑。

傳 其曰諸侯，散辭也。直曰諸侯，無大小之序，是各自欲城，無總一之者，非伯者所制，故曰散辭。聚而曰散，何也？據言諸侯城，則是聚。諸侯城有散辭也，桓德衰矣。言諸侯城，則非伯者之爲可知也。齊桓德衰，所以散也。何休曰：案先是盟亦言諸侯，非散也。又穀梁美九年諸侯盟于葵丘，卽散，何以美之邪？鄭君釋之曰：九年公會宰周公，

齊侯宋子衛侯鄭伯許男曹伯於葵丘九月戊辰盟于葵丘時諸侯初在會未有歸者故可以不序今此十三年夏公會齊侯宋公陳侯衛侯鄭伯許男曹伯於鹹而冬公子友如齊此聘也書聘則會國前已歸矣今云諸侯城緣陵而不序其人明其散桓德已衰矣葵丘之事安得以難此○難乃旦反

夏六月季姬及繒子遇于防使繒子來朝遇例時此非所宜遇故謹而月之○繒在陵反朝直遙反

傳 遇者同謀也魯女無故遠會諸侯遂得淫通此亦事之不然左傳曰繒季姬來寧公怒之以繒子不朝遇于防而使來朝此近合人情來朝者來請己也使來朝請己為妻朝不言使言使非正也以病繒子也

秋八月辛卯沙鹿崩沙鹿晉山

傳 林屬於山為鹿鹿山足沙山名也無崩道而崩故志之也其日重其變也劉向曰鹿在山下平地臣象陰位也崩者散落背叛不事上之象

狄侵鄭

冬蔡侯肸卒○肸許乞反

傳 諸侯時卒惡之也○惡烏路反

十有五年春王正月公如齊

楚人伐徐

三月公會齊侯宋公陳侯衛侯鄭伯許男曹伯盟于牡丘牡丘地名

傳 兵車之會也

遂次于匡救徐也時楚人伐徐匡衛地

傳 遂繼事也次止也有畏也畏楚

公孫敖帥師及諸侯之大夫救徐諸侯既盟次匡皆遣大夫將兵救徐故不復具列諸國

傳 善救徐也

夏五月日有食之夜食

秋七月齊師曹師伐厲徐邈曰案齊桓末年用師及會皆危之而月也于時霸業已衰勤王之誠替于內震矜之容見於外禍釁既兆動援危理故月衆國之君雖有失道未足為一世興衰齊桓威攝群后政行天下其得失皆治亂所繫故春秋重而詳之錄所著所危云爾

八月螽

傳 螽蟲災也甚則月不甚則時

九月公至自會莊二十七年傳曰桓會不致安之也而此致者齊桓德衰故危而致之

季姬歸于繒

己卯晦震夷伯之廟

夷諡伯字

傳晦冥也震雷也夷伯魯大夫也因此以見天子至于士皆有廟明夷伯之廟過制故因此以言禮天子七廟祭法曰王立七廟曰考廟王考廟皇考廟顯考廟祖考廟有二祧遠廟爲祧諸侯五曰考廟王考廟皇考廟顯考廟祖考廟大夫三曰考廟王考廟皇考廟士二曰考廟王考廟故德厚者流光德薄者流卑雍曰德厚者位尊道隆者爵重故天子遠及七世士祭祖而已是以貴始德之本也始封必爲祖若契爲殷祖棄爲周祖○契息列反

冬宋人伐曹

楚人敗徐于婁林

婁林徐地

傳夷狄相敗志也

十有一月壬戌晉侯及秦伯戰于韓

韓晉地

獲晉侯

獲者不與之辭諸侯非可相獲

傳韓之戰晉侯失民矣以其民未敗而君獲也

十有六年春王正月戊申朔隕石于宋五

劉向曰石陰類也五陽數也象陰而陽行將致隊落○行下孟反下陰行同隊直類反

傳先隕而後石何也據莊七年星隕如雨先言星後言隕隕而後石也既隕後乃知是石于宋四竟之內曰宋後數散辭也耳治也隕石記聞也聞其磌然視之則石察之則五○竟音境治直吏反下目治同磌之人反又大年反

是月六鷁退飛過宋都

是月隕石之月劉向曰鷁陽也六陰數也象陽而陰行必衰退○鷁五歷反

傳是月者決不日而月也欲著石日鷁月故言是月若不言是月則嫌與戊申同六鷁退飛過宋都先數聚辭也目治也六鷁退飛記見也視之則六察之則鷁徐而察之則退飛子曰石無知之物鷁微有知之物石無知故日之石無知而隕必天使之然故詳而日之鷁微有知之物故月之鷁或時自欲退飛耳是以略而月之君子之于物無所苟而已石鷁且猶盡其辭而況于人乎故五石六鷁之辭不設則王道不亢矣不遺微細故王道可舉民所聚曰都

三月壬申公子季友卒

傳大夫日卒正也季友桓公之子稱公弟叔仲賢也大夫不言公子公孫疏之也

夏四月丙申鄫季姬卒

秋七月甲子公孫茲卒

傳大夫日卒正也

冬十有二月，公會齊侯、宋公、陳侯、衛侯、鄭伯、許男、邢侯、曹伯于淮。

傳 兵車之會也。

十有七年春，齊人、徐人伐英氏。

夏，滅項。

傳 孰滅之？桓公也。何以不言桓公也？據莊十年齊師滅譚稱齊師 爲賢者諱也。項國也，不可滅而滅之乎？桓公知項之可滅也，知政昏亂易可滅 而不知己之不可以滅也。霸者存恤鄰國，抑彊輔弱，義不可滅人之國 既滅人之國矣，何賢乎？君子惡惡疾其始，絕其始，則得不終於惡。邵曰：謂疾其初爲惡之事，不終身疾之。○惡惡並如字，又烏路反 善善樂其終，樂賢者終其行也。邵曰：謂始有善事，則終身善之。○行下孟反 桓公嘗有存亡繼絕之功，故君子爲之諱也。邵曰：存亡謂存邢衛，繼絕謂立僖公，所以終其善

秋，夫人姜氏會齊侯于卞。卞，魯地

九月，公至自會。桓會不致，而今致會，桓公德衰，威信不著，陳列兵車，又以滅項往會，既非踰年乃反，故往還皆月以危之

冬十有二月乙亥，齊侯小白卒。

傳 此不正，其日之何也？據二十四年晉侯夷吾卒不書日 其不正前見矣，其不正之前見何也？以不正入虛國，故稱嫌焉爾。莊九年齊小白入于齊，既不稱公子，虛國謂齊無人。傳例曰：以國氏者，嫌也

十有八年春王正月，宋公、曹伯、衛人、邾人伐齊。

傳 非伐喪也。伐喪無道，故謹而月之

夏，師救齊。魯師

傳 善救齊也。

五月戊寅，宋師及齊師戰于甗。甗，齊地。○甗，魚輦反，又音言

齊師敗績。

傳 戰不言伐，客不言及，言及，惡宋也。何休曰：戰言及者，所以別客主直不直也。故文十二年晉人、秦人戰于河曲，兩不直，故不云及。今宋言及，明直在宋，非所以惡宋也。卽言及爲惡，是河曲之戰爲兩善乎？又穀梁以河曲不言及爲略之也，則自相反矣。鄭君釋之曰：及者，別異客主耳，不施於直與不直也。直不直自在事而已。義兵則客直，宣十二年夏晉荀林父帥師及楚子戰于邲，晉師敗績是也；兵不義則主人直，莊二十八年春衛人及齊人戰，衛人敗績是也。今齊伯卒未葬，宋襄欲與霸事而伐喪，於禮尤反，故反其文，以宋及齊，卽實以宋及齊，明直在宋。邲之戰，直在楚，不以楚及晉何邪？秦晉戰于河曲，不言及，疾其亟戰爭，舉兵故略其先後

狄救齊。

傳 善救齊也。

秋八月丁亥，葬齊桓公。

豎刁、易牙爭權，五公子爭立，故危之。○刁音雕。

冬，邢人、狄人伐衛。

傳 狄其稱人何也？善累而後進之。累，積。伐衛，所以救齊也。何休曰：「即伐衛救齊，當兩舉，如伐楚救江矣。」又傳以爲江遠楚近，故伐楚救江。今狄亦近衛而遠齊，其事一也，義異何也？鄭君釋之曰：「文三年冬，晉陽處父帥師伐楚救江，兩舉之者，以晉未有救江文，故明言之。今此春，宋公、曹伯、衛人、邾人伐齊，夏，狄救齊，冬，邢人、狄人伐衛，爲其救齊可知，故省文耳。事同義，又何異？」功近而德遠矣。伐衛功近耳，夷狄而憂中國，其德遠也。

春秋穀梁傳卷八

春秋穀梁傳卷九

晉豫章太守順陽范　甯集解

明　後學　東吳金　蟠較訂

僖公

十有九年春王三月宋人執滕子嬰齊

夏六月宋公曹人邾人盟于曹南曹南曹之南鄙

繒子會盟于邾己酉邾人執繒子用之

傳微國之君因邾以求與之盟與與也○與音豫注及下文同人因己以求與之盟己迎而執之惡之故謹而日之也用之者叩其鼻以衈社也衈者釁也取鼻血以釁祭社器○惡烏路反衈音二

秋宋人圍曹

衛人伐邢

冬會陳人蔡人楚人鄭人盟于齊會無主名內卑者也四國稱人外卑者也杜預曰地於齊齊亦與盟

梁亡

傳自亡也湎於酒淫於色心昏耳目塞上無正長之治大臣背叛民為寇盜梁亡自亡也如加力役焉湎不足道也如使伐之而滅亡則淫湎不足記也使其自亡然後其惡明○湎面善反長丁丈反背音佩梁亡鄭棄其師我無加損焉正名而已矣梁亡出惡正也鄭棄其師惡其長也正謂政教長謂高克

二十年春新作南門

傳作為也有加其度也更加使大言新有故也非作也賁其改舊制南門者法門也法門謂天子諸侯皆南面而治法令之所出入故謂之法門

夏郜子來朝○郜古報反

五月乙巳西宮災

傳謂之新宮則近為禰宮言閔公非僖公之父故不言新宮也以謚言之則如疏之然故不言閔宮而云西宮以是為閔宮也

鄭人入滑

秋齊人狄人盟于邢

傳邢為主焉爾邢小其為主何也其為主乎救齊十八年邢人狄人伐衛以救齊是也

冬楚人伐隨

傳隨國也

二十有一年春狄侵衛

宋人齊人楚人盟于鹿上

宋爲盟主故序齊上鹿上宋地

夏大旱

傳旱時正也 傳例曰得雨曰雩不得雨曰旱

秋宋公楚子陳侯蔡侯鄭伯許男曹伯會于雩 雩宋地雩或爲宇

執宋公以伐宋

傳以重辭也 傳例曰以者不以者也此傳及定七年齊人執衛行人北宮結以侵衛傳皆曰以重辭也然則以有二義矣國之所重故曰重辭

冬公伐邾

楚人使宜申來獻捷 楚稱人者爲執宋公貶○爲于僞反

傳捷軍得也其不曰宋捷何也 據莊三十一年齊侯來獻戎捷 不與楚捷於宋也 不與夷狄捷中國

十有二月癸丑公會諸侯盟于薄 會雩之諸侯

釋宋公

傳會者外爲主焉爾外釋不志此其志何也以公之與之盟目之也不言楚不與楚專釋也 何休曰春秋以執之爲罪不以釋之爲罪責楚子專釋非其理也公羊以爲公不會諸侯釋之故不復出楚耳鄭君釋之曰不與楚專釋者非以責之也傳云外釋不志此其志何也以公之與之盟目之也言公與諸侯盟而釋宋公公有功焉與公羊義無違錯

二十二年春公伐邾取須句 ○句其俱反

夏宋公衛侯許男滕子伐鄭

秋八月丁未及邾人戰于升陘 升陘魯地

傳內諱敗舉其可道者也不言其人以吾敗也不言及之者爲內諱也 ○爲于僞反

冬十有一月己巳朔宋公及楚人戰于泓

宋師敗績

傳日事遇朔曰朔春秋三十有四戰未有以尊敗乎卑以師敗乎人者也以尊敗乎卑以師敗乎人則驕其敵襄公以師敗乎人而不驕其敵何也責之也泓之戰以爲復雩之恥也 前年宋公爲楚所執 雩之恥宋襄公有以自取之伐齊之喪執滕子圍曹爲雩之會不顧其力之不足而致楚成王成王怒而執之故曰禮人而不答則反其敬愛人而不親則反其仁治人而不治則反其知過而不改又之 又復 是謂之過襄公之謂也古者被甲嬰冑非以興國也

則以征無道也。豈曰以報其恥哉。宋公與楚人戰
于泓水之上。司馬子反曰。楚衆我少。鼓險而擊之。
勝無幸焉。若要而擊之必可破非僥倖也○被皮既反肖而救反司馬子反左傳作子魚
要於遙反襄公曰。君子不推人危。不攻人厄。須其出。須其
出險○推如字又它回反既出。旌亂於上。陳亂於下。子反曰。楚
衆我少。擊之。勝無幸焉。襄公曰。不鼓不成列。○列陳
直覲反須其成列而後擊之。則衆敗而身傷焉。七月
而死。何休曰卽宋公身傷當言公不當言師成十六年楚子敗績是也又成十六年傳曰不言
師君重于師也卽成十六年是二十二年虛言也卽二十二年是十六年非也鄭君釋之曰傳說楚
于敗績曰四體偏斷此則目也此言君之目與手足有破斷者乃爲敗矣今宋襄公身傷耳當持鼓
軍事無所害而師猶敗故不言宋公敗績也傳所以言敗衆敗身傷焉者疾其信而不道以取大辱
倍則攻。敵則戰。少則守。人之所以爲人者。言也。人
而不能言。何以爲人。言之所以爲言者。信也。言而
不信。何以爲言。信之所以爲信者。道也。信而不道。
何以爲道。道之貴者時。其行勢也。凱曰道有時事有勢何貴於道
貴合於時何貴於時貴順於勢宋公守匹夫之狷介徒蒙恥於夷狄焉識大通之方至道之術哉

二十有三年。春。齊侯伐宋。圍閔。
傳伐國不言圍邑。此其言圍何也。不正其以惡報
惡也。前十八年宋伐齊之喪是惡也今齊乘勝而報是以惡報惡也○閔左氏作緡二十五年
楚圍亦同

夏。五月。庚寅。宋公茲父卒。
桓公之子襄公
傳茲父之不葬。何也。失民也。其失民何也。以其不
教民戰。則是棄其師也。爲人君而棄其師。其民孰
以爲君哉。何休曰所謂教民戰者習之也春秋貴偏戰而惡詐戰宋襄公所以敗于泓者
守禮偏戰也非不教其民也孔子曰君子去仁惡乎成名造次必於是顛沛必於是未有守正以敗
而惡之也公羊以爲不書葬爲襄公諱背殯出會所以美其有承齊桓尊周室之美志鄭君釋之曰
教民習戰而不用是亦不教也詐戰謂不期也既期矣當觀敵爲策倍則攻敵則戰少則守今宋襄
公于泓之戰違之又不用其臣之謀而敗故徒善不用賢良不足以興霸主之功徒言不知權譎之
謀不足以交鄰國會遠疆故易譏鼎折足詩刺不用良此說善也○而惡烏路反下而惡同惡乎音
烏造七報反爲襄于僞反

秋。楚人伐陳。

冬。十有一月。杞子卒。
莊二十七年稱伯今稱子蓋爲時王所黜

二十有四年。春。王正月。

夏。狄伐鄭。

秋。七月。

冬。天王出居于鄭。
襄王也天子以天下爲家故所在稱居
傳天子無出。出。失天下也。王者無外言出則有外之辭江熙曰天子必巡

六五

守然後行故河陽之守全天王之行也平王東遷其詩不能復雅而列為國風襄王奔鄭不得全天王之行則與諸侯不異故書出也夫子祖述堯舜憲章文武斯文是作不以道假人傳言失天下闕然如有未備居者居其所也雖失天下莫敢有也邵曰雖實出奔而王者無外王之所居則成王畿鄭不敢有之以為國

晉侯夷吾卒傳曰諸侯時卒惡之出不葬篡文公而立失德

二十五年春王正月丙午衛侯燬滅邢○燬況委反

傳燬之名何也據宣十二年楚子滅蕭不名不正其伐本而滅同姓也絕先祖支體尤重故名以甚之

夏四月癸酉衛侯燬卒

宋蕩伯姬來逆婦伯姬魯女為宋大夫蕩氏妻也自為其子來逆婦

傳婦人既嫁不踰竟宋蕩伯姬來逆婦非正也其曰婦何也緣姑言之之辭

宋殺其大夫

傳其不稱名姓以其在祖之位尊之也何休曰曹殺其大夫亦不稱名姓豈可復以為祖乎鄭君釋之曰宋之大夫盡名姓禮公族有罪刑于甸師氏不與國人慮兄弟也所以尊異之孔子之祖孔父累於宋殤公而死今骨肉在其位而見殺故尊之隱而不忍稱名氏若罪大者名之而已使若異姓然此乃祖之疏也曹殺其大夫自以無大夫不稱名氏耳春秋辭同事異者甚多隱去卽位以見讓莊去卽位為繼弒是復可以此例非之乎○去起呂反

秋楚人圍陳納頓子于頓

傳納者內弗受也圍一事也納一事也而遂言之怪其異事而辭相連有似遂事之辭蓋納頓子者陳也圍陳使納頓子

葬衛文公

冬十有二月癸亥公會衛子莒慶盟于洮衛稱子在喪洮魯地

傳莒無大夫其曰莒慶何也以公之會目之也小國無大夫以公與會故進之時有衛子則無敵公之嫌

二十有六年春王正月己未公會莒子衛甯速盟于向向莒地

傳公不會大夫其曰甯速何也以其隨莒子可以言會也

齊人侵我西鄙公追齊師至巂弗及○巂音攜又似兗反

傳人微者也侵淺事也公之追之非正也至巂急辭也以急辭言之明不至巂弗及者弗與也弗與戰也可以及而不敢及也畏齊御其侵也曰人其追也曰師以公之弗及大之也大之謂變人言御弗及內辭也弗及者若曰我自不及耳

非齊不可及。

夏，齊人伐我北鄙。

衛人伐齊。

公子遂如楚乞師。

傳 乞，重辭也。雍曰：人道施而不有，讓而不取，故以乞爲重。○施，舒豉反。何重焉？重人之死也。非所乞也。師出不必反，戰不必勝，故重之也。

秋，楚人滅夔，以夔子歸。

傳 夔國也。不日，微國也。以歸，猶愈乎執也。

冬，楚人伐宋，圍閔。

傳 伐國不言圍邑，此其言圍何也？以吾用其師，目其事也。非道用師也。楚人出師，爲魯伐齊，而中道以伐宋，故伐圍兼書，所以責楚。

公以楚師伐齊，取穀。

傳 以者，不以者也。民者，君之本也。使民以其死，非其正也。雍曰：兵，不祥之器，不得已而用之。安有驅民于死地，以共假借之役乎？○共音恭。

公至自伐齊。

傳 惡事不致，此其致之何也？危之也。以蠻夷之師伐鄰近大國，招禍深怨，危亡之道。

二十有七年春，杞子來朝。

夏六月庚寅，齊侯昭卒。

秋八月乙未，葬齊孝公。

乙巳，公子遂帥師入杞。

冬，楚人、陳侯、蔡侯、鄭伯、許男圍宋。

傳 楚人者，楚子也。其曰人何也？人楚子，所以人諸侯也。其人諸侯何也？不正其信夷狄而伐中國也。何休曰：哀元年，楚子、陳侯、隨侯、許男圍蔡，不稱人，明不以此故也。鄭君釋之曰：時晉文爲賢伯，故譏諸侯不從而信夷狄也。哀元年時無賢伯，又何據而當貶之耶？甯謂定、哀之世，楚彊盛，故諸侯不得不從耳。江熙曰：夫屈信理對，言信必有屈也。宋、楚戰于泓，宋以信義而敗，未有闕也。楚復圍之，我三人行，必有我師，諸侯不能以義相帥，反信楚之曲，屈宋之直，是義所不取。信曲屈直猶不可，況乃華夷乎？楚以士義見貶，則諸侯之不從不待貶而見也。然則四國信楚而屈宋，春秋屈其信而信其屈，貶楚子于兵首，則彼碌碌者以期見矣。故曰人楚子，所以人諸侯。○信音申。

十有二月甲戌，公會諸侯，盟于宋。地以宋者，則宋得與盟，宋圍解可知。

二十有八年春，晉侯侵曹，晉侯伐衛。

傳 再稱晉侯，忌也。鄭嗣曰：曹、衛並有宿怨于晉，君子不念舊惡，故再稱晉侯以刺之。

公子買戍衛，不卒戍，刺之。刺，殺也。內諱殺大夫，故謂之刺。蓋取周禮三刺之法。

傳 先名後刺，殺有罪也。公子啓曰：不卒戍者，可以卒也。可以卒而不卒，譏在公子也。刺之可也。公子啓會大夫。

楚人救衛。

三月，丙午，晉侯入曹，執曹伯，畀宋人。

傳入者，內弗受也。日入，惡入者也。以晉侯而斥執曹伯，惡晉侯也。惡其怨深忌。畀，與也。其曰人何也？不以晉侯畀宋公也。畀，上與下之辭，故不以侯畀公。哀四年，夏，晉人執戎蠻子赤歸于楚。使楚子治其罪。今執曹伯不言歸于宋，而言與宋人者，是使宋公拘執之。

夏，四月，己巳，晉侯、齊師、宋師、秦師及楚人戰于城濮，楚師敗績。楚殺其大夫得臣。

衛侯出奔楚。

五月，癸丑，公會晉侯、齊侯、宋公、蔡侯、鄭伯、衛子、莒子，盟于踐土。衛稱子者，時衛侯出奔，國更立君，非王命所加，未成君，故曰子。踐土，鄭地。

傳諱會天王也。實會天王，而文不言天王，若諸侯自共盟然，是諱之也。所謂譎而不正。

陳侯如會。

傳如會，外乎會也，於會受命也。外乎會，不及序也。受命于會，故書如會。

公朝于王所。

傳朝不言所，言所者，非其所也。非京師朝。

六月，衛侯鄭自楚復歸于衛。

傳自楚，楚有奉焉爾。復者，復中國也。中國猶國中也。歸者，歸其所也。鄭之名，失國也。

衛元咺出奔晉。

陳侯款卒。

秋，杞伯姬來。莊公女，來歸寧。

公子遂如齊。聘也。

冬，公會晉侯、宋公、蔡侯、鄭伯、陳子、莒子、邾子、秦人于溫。陳稱子，在喪也。

傳諱會天王也。復致天子。

天王守于河陽。河陽，晉地。○守音狩，下同。

傳全天王之行也。時實晉文公召王，以臣召君，不可以訓，因天子有巡守之禮，故以自行為文。為若將守而遇諸侯之朝也，為天王諱也。水北為陽，山南為陽。溫，河陽也。日之所照曰陽。

壬申，公朝于王所。

傳朝於廟禮也於外非禮也諸侯朝王王必於宗廟受之者蓋欲尊祖禰共其榮獨公朝與諸侯盡朝也其日以其再致天子故謹而日之主善以內目惡以外主善以內諱公朝于王所目惡以外言再致天子言曰公朝逆辭也而尊天子鄭嗣曰若則當言公如京師而今言公朝是逆常之辭雖逆常而日公朝王所是尊天子會于温言小諸侯温河北地以河陽言之大天子也温河陽同耳小諸侯故以一邑言之尊天子故以廣大言之日繫於月月繫於時壬申公朝于王所其不月失其所繫也以爲晉文公之行事爲已傎矣以臣召君傎倒上下日不繫于月猶諸侯不宗于天子○傎都田反

晉人執衛侯歸之于京師

傳此入而執其不言入何也不外王命於衛也入者自外來伯者以王命討衛衛王之士故曰不外王命歸之于京師緩辭也斷在京師也辭間容之故言緩○斷丁亂反

衛元咺自晉復歸于衛

傳自晉晉有奉焉爾復者復中國也歸者歸其所也

諸侯遂圍許

會温諸侯許比再會不至故共圍之

傳遂繼事也繼事會于温而圍許

曹伯襄復歸于曹

三月爲晉侯所執今方歸

傳復者復中國也天子免之因與之會其曰復通王命也免之于宋身未反國因會于許卽從反國之辭通王命

遂會諸侯圍許

傳遂繼事也

二十有九年春介葛盧來

傳介國也葛盧微國之君未爵者也其曰來卑也

公至自圍許

夏六月公會王人晉人宋人齊人陳人蔡人秦人盟于翟泉

翟泉某地

秋大雨雹

雹者陰脅陽臣侵君之象陽氣之在水雨則温熱陰氣薄而脅之不相入轉而成雹○雨于付反雹蒲學反

冬介葛盧來

三十年春王正月

夏狄侵齊

秋衛殺其大夫元咺

傳稱國以殺罪累上也以是爲訟君也元咺訟君之罪于伯者君忌之使人殺之而後入案宣九年陳殺其大夫泄冶傳曰稱國以殺其大夫殺無罪也此傳曰

稱國以殺罪累上也凡稱國以殺大夫或殺無罪或罪累上參互不同略當近半然則稱國以殺有罪二義泄冶忠賢而君殺之是君無道也衛侯雖有不德臣無訟君之道元咺之罪亦已重矣然君子之道譬之于射失諸正鵠反求諸身衛侯不思致訟之愆躬自厚之義過而不改而又怨忌上下皆失故曰罪累上○正音征

衛侯在外，其以累上之辭言之，何也？待其殺而後入也。

及公子瑕。

傳　公子瑕累也，以尊及卑也。

衛侯鄭歸于衛。徐邈曰凡出奔歸月執歸不月者奔則國更立主若故君還入必有戰爭禍害所以謹其文執者罪名未定其國猶追奉之歸無犯害故例不月

晉人、秦人圍鄭。

介人侵蕭。

冬，天王使宰周公來聘。

傳　天子之宰，通于四海。

公子遂如京師，遂如晉。

傳　以尊遂乎卑，此言不敢叛京師也。何休曰大夫無遂事案襄十二年季孫宿救台遂入鄆惡季孫不受命而入也如公子遂受命如晉不當言遂鄭君釋之曰遂固受命如京師如晉不專受命如周經近立言天王使宰周公來聘故公子遂報焉因聘于晉尊周不敢使並命使若公子遂自往然卽云公子遂如京師如晉是同使周于諸侯叛而不尊天子也公羊傳有美惡不嫌同辭何獨不廣之於此乎甯謂經同而傳異者甚衆此吾徒所以不及古人也○鄆音運惡季孫烏路反

三十有一年，春，取濟西田。曹田

公子遂如晉。

夏，四月，四卜郊，謂之郊者天人相與交接之意也不言郊天者不敢斥尊也昔武王旣崩成王幼少周公居攝行天子事制禮作樂終致大平周公薨成王以王禮葬之命魯使郊以彰周公之德祭蒼帝靈威仰昊天上帝魯不祭○少詩照反大音泰

不從，乃免牲，猶三望。鄭君曰望者祭山川之名也謂海也岱也淮也非其疆界則不祭禹貢曰海岱及淮惟徐州徐魯地

傳　夏四月，不時也。郊春事也四卜，非禮也。郊春事四卜則入夏免牲者，爲之緇衣熏裳，有司玄端奉送，至于南郊。免牛亦然。玄端黑衣接神之道玄熏者天地之色也南郊天位歸之于陽也全曰牲傷曰牛牛有變而不郊故卜免牛乃者，亡乎人之辭也。亡乎人若曰無賢人也凱曰其猶易稱闚其戶闃其無人詩云巷無居人譏僖公不共致天變○闃苦鵙反共音恭猶者，可以已之辭也。望郊之細也不郊無望可也已止也

秋，七月。

冬，杞伯姬來求婦。

傳　婦人旣嫁不踰竟，杞伯姬來求婦，非正也。

秋圍衛。

十有二月。衛遷於帝丘。帝丘衛地。

三十有二年春王正月。

夏四月己丑。鄭伯捷卒。

衛人侵狄。

秋衛人及狄盟。

冬十有二月己卯。晉侯重耳卒。晉自莊公已前不書于春秋。又不言文公之入及鄭忽之殺。何乎。徐邈通之曰。案詩序及紀年史記。晉昭公之後大亂五世。又鄭忽之後有子儀。且事出記傳。而經所無。殊多。誠當有不告。故不書者。諸侯有朝聘之禮。赴告之命。所以敦其交好。通其憂虞。若鄰國相望。而情志否隔。存亡禍福不以相關。則它國之史無由得書。故告命之事絕。則記注之文闕。此蓋內外相與之常也。魯政之雖陵遲。而典刑猶存。史策所錄。不失常法。其文獻之實足徵。故孔子因而修之。事仍本史。而辭有損益。所以成詳略之例。起褒貶之意。若夫可以寄微旨而通王道者。存乎精義窮理。不在記事少多。此蓋修春秋之本旨。飾資辯說日用之常義。故穀梁子可不復發文。而體例自舉矣。○重直龍反。否備矣反。

三十有三年春王二月。秦人入滑。

傳　滑國也。

齊侯使國歸父來聘。

夏四月辛巳。晉人及姜戎敗秦師于殽。

傳　不言戰而言敗。何也。狄秦也。其狄之何也。秦越千里之險。入虛國。滑無備故言虛國。進不能守。退敗其師徒。亂人子女之教。無男女之別。秦之為狄。自殽之戰始也。明秦本非夷狄。秦伯將襲鄭。百里子與蹇叔子諫曰。千里而襲人。未有不亡者也。秦伯曰。子之冢木已拱矣。何知。子之輩皆已老死矣。拱。合抱也。言其老無知。師行。百里子與蹇叔子送其子而戒之曰。女死必於殽之巖唫之下。其處險隘。一人可以要百人。○女音汝。下及注同。唫本作崟。音吟。一音欽。要於遙反。我將尸女於是。尸女者。收女尸。師行。百里子與蹇叔子隨其子而哭之。秦伯怒曰。何為哭吾師也。二子曰。非敢哭師也。哭吾子也。我老矣。彼不死。則我死矣。畏秦伯怒。故云彼。我要有死者。晉人與姜戎要而擊之殽。匹馬倚輪無反者。倚輪。一隻之輪。晉人者。晉子也。其曰人何也。微之也。何為微之。不正其釋殯而主乎戰也。

癸巳。葬晉文公。

傳　日葬。危不得葬也。

狄侵齊。

公伐邾。取訾樓。○訾子斯反。

秋公子遂帥師伐邾。

晉人敗狄于箕。箕晉地。

冬。十月。公如齊。十有二月。公至自齊。

乙巳。公薨于小寢。小寢、內寢。

傳小寢。非正也。非路寢。

隕霜不殺草。京房易傳曰。君假與臣權。隕霜不殺草。

傳未可殺而殺。舉重也。可殺而不殺。舉輕也。重、謂菽也。輕、謂草也。輕者不死。則重者不死可知。

李梅實。京房易傳曰。從叛者茲謂不明。厥妖木冬實。

傳實之爲言猶實也。實子。

晉人。陳人。鄭人。伐許。

春秋穀梁傳卷九

春秋穀梁傳卷十

晉豫章太守順陽范甯集解

明後學東吴葛鼒較訂

文公

元年春王正月公卽位

傳 繼正卽位正也（繼正謂繼正卒也隱去卽位以見讓桓書卽位示安忍莊閔僖不言卽位皆繼弒○去起吕反）

二月癸亥日有食之

天王使叔服來會葬（諸侯喪天子使大夫會葬禮也傳例曰天子大夫稱字蓋未受采邑故不稱氏字者貴稱故可獨達也）

傳 葬曰會（言會明非一人之辭）其志重天子之禮也

夏四月丁巳葬我君僖公

傳 薨稱公舉上也葬我君接上下也僖公葬而後舉謚謚所以成德也於卒事乎加之矣

天王使毛伯來錫公命（毛采邑伯字也天子上大夫也）

傳 禮有受命無來錫命錫命非正也

晉侯伐衛

叔孫得臣如京師

衛人伐晉

秋公孫敖會晉侯于戚（禮卿不得會公侯春秋尊魯內卿大夫可以會外諸侯）

冬十月丁未楚世子商臣弒其君髡（鄭嗣曰商臣繆王也髡文王之子成王也不言其父而言其君者君之於世子有父之親有君之尊言世子所以明其親也言其君所以明其尊也商臣於尊親盡矣）

傳 日髡之卒所以謹商臣之弒也夷狄不言正不正（徐乾曰中國君卒正者例日篡立不正者不日夷狄君卒皆略而不日所以殊夷夏也今書日謹識商臣之大逆爾不以明髡正與不正）

公孫敖如齊

二年春王二月甲子晉侯及秦師戰于彭衙（彭衙秦地○衙音牙）

秦師敗績

丁丑作僖公主

傳 作爲也爲僖公主也（爲僖公廟作主也主蓋神之所馮依其狀正方穿中央達四方天子長尺二寸諸侯長一尺○馮皮冰反）立主喪主於虞（禮平旦而葬日中反而祭謂之虞其主用桑）吉主於練（期而小祥其主用栗）作僖公主譏其後也（僖公薨至此已十五月）作主壞廟有時日於練焉壞廟壞廟之道易檐可也改塗可也（禮親過高祖則毀其廟以次而遷將納新神故示有所加○檐以占反）

三月乙巳及晉處父盟
晉大夫陽處父
傳不言公處父伉也爲公諱也
諱公與大夫盟去處父氏公親如晉使若與其君盟如經言邾儀父矣不書地者公在晉也莊二十二年秋七月丙申及齊高傒盟于防不去高傒氏者公不親如齊不與其君盟於恥差降○伉苦浪反爲公于僞反去處父起呂反下同傒音兮
何以知其與公盟以其日也何以不言公之如晉所恥也出不書反不致也

夏六月公孫敖會宋公陳侯鄭伯晉士縠盟于垂斂
垂斂鄭地○左氏作垂隴
傳內大夫可以會外諸侯

自十有二月不雨至于秋七月
建午之月猶未爲災
傳歷時而言不雨文不憂雨也
僖公憂民歷一時輒書不雨今文公歷四時乃書是不勤雨也
不憂雨者無志乎民也
無恤民志

八月丁卯大事于大廟躋僖公
大事祫也時三年之喪未終而吉祭於大廟則其譏自明○大廟音泰祫戶夾反
傳大事者何大是事也著祫嘗
祫合也嘗秋祭
祫祭者毀廟之主陳于大祖未毀廟之主皆升合祭于大祖
祫祭者皆合祭諸廟已毀未毀者之主於大祖廟中以昭穆爲次序父爲昭子爲穆昭南鄉穆北鄉孫從王父坐也祭畢則復還其廟○鄉音向下同
躋升也先親而後祖也逆祀也
舊說僖公閔公庶兄故文公升僖公之主於閔公之上耳僖公雖長已爲臣矣閔公雖小已爲君矣臣不可以先君猶子不可以先父故以昭穆父祖爲喻甯曰即之於傳則無以知其然若引左氏以釋此傳則義雖有似而於文不辨高宗殷之賢主猶祭豐于禰以致雉雊之變然後率脩常禮文公傎倒祖考固不足多怪矣親謂僖祖謂莊○長丁丈反先悉薦反下同禰乃禮反雊古豆反傎倒丁田反下丁老反
逆祀則是無昭穆也無昭穆則是無祖也無祖則無天也故曰文無天無天者是無天而行也
祖人之始也人之所仰天也
君子不以親親害尊尊此春秋之義也
尊卑有序不可亂也

冬晉人宋人陳人鄭人伐秦

公子遂如齊納幣
喪制未畢而納幣書非禮

三年春王正月叔孫得臣會晉人宋人陳人衛人鄭人伐沈沈潰
沈國也潰之爲言上下不相得

夏五月王子虎卒
傳叔服也此不卒者也
外大夫不書卒
何以卒之以其來會葬我卒之也
會葬在元年
或曰以其嘗執重以守也
僖二十四年天王出居于鄭叔服執重任以守國

秦人伐晉

秋楚人圍江

雨螽于宋。

傳 外災不志，此何以志也？曰：災甚也。其甚奈何？茅茨盡矣。茅茨猶盡，則嘉穀可知。茨，蒺藜。○雨，于付反，下同。著於上，見於下，謂之雨。

冬，公如晉。

十有二月己巳，公及晉侯盟。

晉陽處父帥師伐楚救江。

傳 此伐楚，其言救江何也？江遠楚近，伐楚所以救江也。時楚人圍江，晉伐楚，楚國有難，則江圍自解。○難，乃旦反。

四年春，公至自晉。

夏，逆婦姜于齊。

傳 其曰婦姜，為其禮成乎齊也。婦禮成于齊，故在齊便稱婦。○為，于僞反。其逆者誰也？親逆而稱婦，或者公與何其速婦之也。鄭嗣曰：皆問者之辭。問者以使大夫逆例稱女，而今稱婦，為是公親逆與？怪稱婦速，故反覆推之。曰：公也。其不言公何也？據莊二十四年，公如齊逆女，言公。非成禮於齊也。非責。曰婦，有姑之辭也。其不言氏何也？貶之也。何為貶之也？夫人與有貶也。邵曰：夫人能以禮自防，則夫婦之禮不成於齊，故譏公而夫人與焉。

狄侵齊。

秋，楚人滅江。

晉侯伐秦。

衛侯使甯俞來聘。

冬十有一月壬寅，夫人風氏薨。僖公母，風姓。

五年春王正月，王使榮叔歸含且賵。含，口實也。禮記曰：飯用米貝，弗忍虛也。諸侯含用玉。榮叔，天子之上大夫也。榮，采地。叔，字。○含，戶暗反。賵，芳鳳反。飯，扶晚反。

傳 含一事也，賵一事也，兼歸之，非正也。禮，含、賵、襚各異人。○襚，音遂。其曰且，志兼也。其不言來，不周事之用也。何休曰：四年夫人風氏薨，九年秦人來歸僖公成風之隧，最晚矣。何以言來？鄭君釋之曰：秦自敗于殽之後，與晉為仇，兵無休時，乃加兇繆公之喪而來，君子原情，不責晚。用或作辭。賵以早，乘馬曰賵，乘馬所以助葬，成風未葬，故書早。○乘，繩證反。而含已晚。已殯，故言晚。國有遠近，皆令及事，理不通也。禮雜記曰：含者執璧將命曰：寡君使某含。相者入告，出曰：孤某須矣。含者入，升堂致命，子拜稽顙。含者坐委於殯東南，有葦席；既葬，蒲席。降出，反位。明君之於臣有含賵之義，所以助喪盡恩。含不必用，示有其禮。○令，力呈反。相，息亮反。

三月辛亥，葬我小君成風。王使毛伯來會葬。

傳 會葬之禮於鄙上。從竟至墓，主為送葬來。

夏，公孫敖如晉。

秦人入鄀。○鄀，音若。

秋，楚人滅六。

冬十月甲申，許男業卒。

六年春，葬許僖公。

夏，季孫行父如陳。行父，季友孫。

秋，季孫行父如晉。

八月乙亥，晉侯驩卒。〇驩，好官反。

冬十月，公子遂如晉。

葬晉襄公。

晉殺其大夫陽處父。

傳稱國以殺，罪累上也。襄公已葬，其以累上之辭言之，何也？君漏言也。上泄則下闇，下闇則上聾，且闇且聾，無以相通。臣闇不言，君無所聞，上下否塞。夜姑殺者也。殺處父。〇左氏作射姑。夜姑之殺奈何？曰：晉將與狄戰，使狐夜姑爲將軍，趙盾佐之。陽處父曰：「不可。古者君之使臣也，使仁者佐賢者，不使賢者佐仁者。今趙盾賢，夜姑仁，其不可乎！」郤曰：賢者多才也，戰主于攻伐；仁者有惻隱之恩，不如多才者有權略。襄公曰：「諾。」謂夜姑曰：「吾始使盾佐女，今女佐盾矣。」稱處父語以語之，故傳曰漏言也。〇女音汝。語，魚慮反。夜姑曰：「敬諾。」襄公死，處父主竟上事。待諸侯會葬在鄙上。〇竟音境。夜姑使人殺之。君漏言也。親殺者夜姑，而歸罪於君，明由君言而殺之，罪在君也，故稱君以殺。故士造辟而言，詭辭而出，辟，君也。詭辭而出，不以實告人。〇造，七報反。辟，必亦反。曰：「用我則可，不用我則無亂其德。」此士對君言之辭。

晉狐夜姑出奔狄。

閏月，不告月，猶朝于廟。

傳不告月者何也？不告朔也。不告朔則何爲不言朔也？禮，天子以十二月朔政班告于諸侯，諸侯受於禰廟，孝子尊事先君，不敢自專也。言朝者，緣生以事死，親存朝朝莫夕，不敢泄鬼神，故事畢，感月始而朝之。〇莫音慕。閏月者，附月之餘日也，積分而成於月者也。一歲三百六十日，餘六日，又有小月六，積五歲得六十日而再閏，積衆月之餘分以成此月。天子不以告朔，而喪事不數也。閏是叢殘之數，非月之正，故吉凶大事皆不用也。不數，所右也。猶之爲言可以已也。郊然後三望，告朔然後朝廟，俱言猶，義相類也。既廢其大，而行其細，故譏之。

七年春，公伐邾。三月甲戌，取須句。

傳取邑不日，此其日，何也？據僖二十六年公伐齊取穀不日。〇句，其俱反。不正其再取，故謹而日之也。僖二十二年公已伐邾取須句，過而不改，於此爲甚，故錄日以志之。

遂城郚。〇郚音吾。

傳遂繼事也。因伐邾之師。

夏四月，宋公壬臣卒。〇壬臣或作王臣。

宋人殺其大夫。

傳稱人以殺，誅有罪也。

戊子，晉人及秦人戰于令狐。令狐，秦地。〇令，力丁反。

晉先蔑奔秦。

傳不言出，在外也。輟戰而奔秦，以是爲逃軍也。輟，止也。爲將而獨奔，故曰逃軍。〇輟，丁劣反。將，子匠反。

狄侵我西鄙。

秋八月，公會諸侯、晉大夫盟于扈。扈，鄭地。

傳其曰諸侯，略之也。晉侯新立，公始往會，晉侯不盟，大夫受盟，既以喪娶，又取二邑，爲諸侯所賤，不得序于會，諱使若扈之盟都不可知，故略之。

冬，徐伐莒。

公孫敖如莒莅盟。

傳莅，位也。其曰位何也？前定也。其不日，前定之盟不日也。

八年春王正月。

夏四月。

秋八月戊申，天王崩。襄王。

冬十月壬午，公子遂會晉趙盾盟于衡雍。衡雍，鄭地。〇雍，於用反。

乙酉，公子遂會雒戎，盟于暴。鄭地。〇雒音洛。

公孫敖如京師。弔周喪。

不至而復。丙戌，奔莒。

傳不言所至，未如也。若其已行，當如公子遂至黃乃復。今不言所至，而直言復，如其實未如也。未如則未復也。未如而曰如，不廢君命也。甯曰：受命而出，義無私留，書如京師，以顯命行于下；不書所至，以表不去之罪。未復而曰復，不專君命也。復者，事畢之辭。未如，故知其未復。加畢事之文者，言君命無輒專之道。其如非如也，其復非復也，唯奔莒之爲信，故謹而日之也。

螽。

宋人殺其大夫司馬。

傳司馬，官也。其以官稱，無君之辭也。何休曰：近上七年宋公壬臣卒，宋人殺其大夫，不言官，今此在三年中言官，義相違。鄭君釋之曰：七年殺其大夫，此實無君也。

今殺其司馬，無人君之德耳。司馬、司城，君之爪牙，守國之臣，乃殺其司馬，奔其司城，無道之甚，故稱官以見輕慢也。傳例稱人以殺，殺有罪也。此上下俱失之。

宋司城來奔。

傳司城，官也。其以官稱，無君之辭也。來奔者不言出，舉其接我也。

春秋穀梁傳卷十

春秋穀梁傳卷十一

晉豫章太守順陽范　寧集解
明　後學　東吳金　蟠較訂

文公

九年，春，毛伯來求金。

傳求車猶可，求金甚矣。譏。曰求俱不可，在喪尤甚。不稱使者，天子當喪未君也。

夫人姜氏如齊。歸寧。

二月，叔孫得臣如京師。

傳京，大也。師，衆也。言周必以衆與大言之也。

辛丑，葬襄王。

傳天子志崩不志葬，舉天下而葬一人，其道不疑也。志葬，危不得葬也。不得備禮葬。日之，甚矣。其不葬之辭也。王室微弱，諸侯無復往會葬。

晉人殺其大夫先都。

三月，夫人姜氏至自齊。

傳卑以尊致，病文公也。夫人行例不致，乃以君禮致，刺公寵之過。

晉人殺其大夫士縠及箕鄭父。

傳稱人以殺，誅有罪也。鄭父累也。

楚人伐鄭。

公子遂會晉人、宋人、衛人、許人救鄭。

夏，狄侵齊。

秋，八月，曹伯襄卒。

九月，癸酉，地震。

傳震，動也。地不震者也，震，故謹而日之也。穀梁說曰：大臣盛，將動有所變。

冬，楚子使萩來聘。

傳楚無大夫。無命卿。其曰萩，何也？以其來我，褒之也。○萩，子遙反，或作菽，左氏作椒。

秦人來歸僖公成風之襚。

傳秦人弗夫人也。言秦人弗以成風為夫人，故不言夫人。即外之弗夫人而見正焉。見不以妾為妻之正。

葬曹共公。○共音恭。

十年，春，王三月，辛卯，臧孫辰卒。

夏，秦伐晉。

楚殺其大夫宜申。僖四年傳曰：楚無大夫。而今云殺其大夫者，楚本祝融之後，季連之胄也，而國近南蠻，遂漸其俗，故棄而夷之。今知內附中國，亦轉強大，故進之。○胄，直又反。

自正月不雨至于秋七月。傳歷時而言不雨文不閔雨也。不閔雨者無志乎民也。

及蘇子盟于女栗。女栗某地蘇子周卿士○女音汝

冬狄侵宋。

楚子蔡侯次于厥貉。厥貉某地也○貉亡白反

十有一年春楚子伐麇。○麇九倫反

夏叔彭生會晉郤缺于承匡。承匡宋地

秋曹伯來朝。

公子遂如宋。

狄侵齊。

冬十月甲午叔孫得臣敗狄于鹹。傳不言帥師而言敗何也。據僖元年公子友帥師敗莒師于麗獲莒拏稱師帥師○鹹音咸麗力知反拏女居反直敗一人之辭也。一人而曰敗何也。以衆焉言之也。言其力足以敵衆傳曰長狄也。兄弟三人佚宕中國。佚猶更也瓦石不能害。肌膚堅強瓦石打擲不能虧損叔孫得臣最善射者也。射其目。身橫九畝。廣一步長百步爲一畝九畝五丈四尺斷其首而載之眉見于軾。兵車之軾高三尺三寸○見賢遍反然則何爲不言獲也。據莒拏言獲曰古者不重創不禽二毛。故不言獲爲內諱也。不重創恤病也不禽二毛敬老也仁者造次必於是顛沛必於是故爲內諱也既射其目又斷其首爲重創鬢髮白爲二毛○創初羊反爲內于僞反造七報反其之齊者王子成父殺之。則未知其之晉者也。

十有二年春王正月。郕伯來奔。○郕音成

杞伯來朝。僖二十七年稱子今稱伯蓋時王所進

二月庚子子叔姬卒。傳其曰子叔姬貴也。公之母姊妹也。同母姊妹其一傳曰許嫁以卒之也。男子二十而冠。冠而列丈夫。三十而娶。女子十五而許嫁。二十而嫁。禮二十而冠冠而在丈夫之列譙周曰國不可久無儲貳故天子諸侯十五而冠十五而娶娶必先冠以夫婦之道王教之本不可以童子之道治之禮十五爲成童以次成人欲人君之早有繼體故因以爲節書稱成王十五而冠著在金縢周禮媒氏曰令男三十而娶女二十而嫁內則云女子十五而笄說曰許嫁也是故男自二十以及三十女自十五以及二十皆得以嫁娶先是則速後是則晚凡人嫁娶或以賢淑或以方類豈但年數而已若必差十年乃爲夫婦是廢賢淑方類苟比年數而已禮何爲然哉則三十

而娶二十而嫁說嫁娶之限蓋不得復過此爾故舜年三十無室書稱曰鰥周禮云女子年二十未所嫁者仲春之月奔者不禁奔者不待禮聘因媒請嫁而已矣甯謂禮爲夫之姊妹服長殤年十九至十六如此男不必三十而娶女不必二十而嫁明矣此又士大夫之禮○冠江澳反譙在遙反笄古兮反禮爲于僞反長丁丈反

夏楚人圍巢

秋滕子來朝

秦伯使術來聘術秦大夫

冬十有二月戊午晉人秦人戰于河曲河曲晉地

傳不言及秦晉之戰已亟故略之也亟數也夫戰必有曲直以一人主之二國戰鬭數曲直不可得詳故略之不言晉人及秦人戰○亟去冀反

季孫行父帥師城諸及鄆

傳稱帥師言有難也○難乃旦反

十有三年春王正月

夏五月壬午陳侯朔卒

邾子籧篨卒○籧其居反篨直居反

自正月不雨至于秋七月

大室屋壞

屋者主於覆蓋明廟不都壞○大音泰傳皆同

傳大室屋壞者有壞道也譏不修也大室猶世室也世世有是室故言世室周公曰大廟爾雅曰室有東西廂曰廟伯禽曰大室羣公曰宮爾雅曰宮謂之室室謂之宮然則其實一也蓋尊伯禽而異其名禮宗廟之事君親割割牲夫人親舂舂粢盛敬之至也爲社稷之主而先君之廟壞極稱之志不敬也極稱言屋壞不復依違其文

冬公如晉

衛侯會公于沓沓地也○沓徒答反

狄侵衛

十有二月己丑公及晉侯盟還自晉

傳還者事未畢也自晉事畢也

鄭伯會公于棐棐鄭地

十有四年春王正月公至自晉

邾人伐我南鄙

叔彭生帥師伐邾

夏五月乙亥齊侯潘卒○潘浦干反

六月，公會宋公、陳侯、衛侯、鄭伯、許伯、曹伯、晉趙盾。癸酉，同盟于新城。新城，宋地。

傳 同者，有同也，同外楚也。

秋七月，有星孛入于北斗。

傳 孛之爲言猶茀也。其曰入北斗，斗有環域也。據孛于大辰及東方皆不言入，此言入者，明斗有規郭，入其魁中也。劉向曰：北斗貴星，人君之象也。茀星，亂臣之類，言邪亂之臣將並弒其君。○茀，步勿反，又音弗。

公至自會。

晉人納捷菑于邾，弗克納。

傳 是郤克也。其曰人，何也？微之也。何爲微之也？長轂五百乘，緜地千里，長轂，兵車。四馬曰乘。一乘甲士三人，步卒七十二人，五百乘三萬七千五百人。緜猶彌漫。○菑，側其反。過宋、鄭、滕、薛，夐入千乘之國，欲變人之主，夐猶遠也。變人之主，謂時邾已立玃且，邾小國而言千乘者，大郤克之事。○夐，況盛反。至城下然後知，何知之晚也！征不廟算，正其得失。勞師遠涉，乃至城下，邾以義拒，然後方悟，貶之曰人，不亦宜乎。弗克納，未伐而曰弗克，何也？弗克其義也。非力不足，義不可勝。捷菑，晉出也；玃且，齊出也。姊妹之子曰出。玃且，正也；捷菑，不正也。正適。○適，丁歷反。

九月甲申，公孫敖卒于齊。

傳 奔大夫不言卒，而言卒，何也？據閔二年公子慶父出奔莒，後不言卒。爲受其喪，不可不卒也。其地，于外也。成十七年公孫嬰齊卒于貍蜃，傳曰：其地，未踰竟。宣八年仲遂卒于垂，垂，齊地。然則地或踰竟，或未踰竟。凡大夫卒在常所則不地，地者皆非其常所，隨其所在而書其地耳，不係於踰竟與不踰竟。○爲，于僞反。貍，力之反。竟音境。

齊公子商人弒其君舍。

傳 舍未踰年，其曰君，何也？成舍之爲君，所以重商人之弒也。舍不成君，則殺者非弒也。商人其不以國氏，何也？據隱四年衛州吁弒其君完，不言公子。不以嫌代嫌也。春秋以正治不正，不以亂平亂。舍不宜立，有不正之嫌；商人專權，有當國之嫌。故不書國氏，明不以嫌相代。舍之不日，何也？未成爲君也。

宋子哀來奔。

傳 其曰子哀，失之也。言失其氏族，不知何人。

冬，單伯如齊。單伯，魯大夫。○單音善。

齊人執單伯。

傳 私罪也。單伯淫于齊，齊人執之。

齊人執子叔姬。

傳 叔姬同罪也。

十有五年春，季孫行父如晉。

三月宋司馬華孫來盟秦曰擅權專國不君其君緣其不臣因曰無君上司馬司城皆不名而此獨名者以華孫奉使出盟爲好於我故書官以見專錄名以存善○華戶化反好呼報反

傳司馬官也以其官稱無君之辭也來盟者何前定也不言及者以國與之也

夏曹伯來朝

齊人歸公孫敖之喪

六月辛丑朔日有食之鼓用牲于社

單伯至自齊

傳大夫執則致致則名此其不名何也據昭十四年意伯至自晉稱名天子之命大夫也

晉郤缺帥師伐蔡戊申入蔡

秋齊人侵我西鄙

傳其曰鄙遠之也其遠之何也不以難介我國也介猶近也○難乃旦反

季孫行父如晉

冬十有一月諸侯盟于扈諸侯皆會而公獨不與故恥而略之

十有二月齊人來歸子叔姬

傳其曰子叔姬貴之也其言來歸何也父母之于子雖有罪猶欲其免也凱曰書來歸是見出之辭有罪之人猶與貴稱書之日子者蓋父母之恩欲免罪也

齊侯侵我西鄙遂伐曹入其郛郛郭○郛芳膚反

十有六年春季孫行父會齊侯于陽穀齊侯弗及盟

傳弗及者內辭也行父失命矣齊得內辭也行父出會失辭義無可納故齊侯以正道拒而弗受不盟由齊故得內辭

夏五月公四不視朔

傳天子告朔于諸侯諸侯受乎禰廟禮也每月天子以朔正班于諸侯諸侯受而納之禰廟告廟以羊今公自二月不視朔至于五月是後視朔之禮遂廢故子貢欲去其羊公四不視朔公不臣也以公爲厭政以甚矣天子班朔而公不視是不臣

六月戊辰公子遂及齊侯盟于師丘師丘齊地○師丘左氏作郪丘公羊作犀丘

傳復行父之盟也春齊侯不與行父盟故復使遂脩之

秋八月辛未夫人姜氏薨僖公夫人

毀泉臺

傳喪不貳事貳事緩喪也喪事主哀而復毀泉臺是以喪爲緩以文爲多失道矣緩作主躋僖公四不視朔毀泉臺之類自古爲之今毀

之不如勿處而已矣。若以夫人居之而薨者，但當莫處。

楚人、秦人、巴人滅庸。

冬十有一月，宋人弑其君杵臼。泰曰：傳稱人者，衆辭，衆之所同，則君過可知。又曰：稱國以弑其君，君惡甚矣。然則舉國重於書人也。○杵，昌呂反。

十有七年春，晉人、衛人、陳人、鄭人伐宋。衛序陳上，蓋主會者降之。

夏四月癸亥，葬我小君聲姜。

齊侯伐我西鄙。

六月癸未，公及齊侯盟于穀。

諸侯會于扈。言諸侯者，義與上十五年同。

秋，公至自穀。

冬，公子遂如齊。

十有八年春王二月丁丑，公薨于臺下。

傳　臺下，非正也。

秦伯罃卒。○罃，乙耕反。

夏五月戊戌，齊人弑其君商人。

六月癸酉，葬我君文公。

秋，公子遂、叔孫得臣如齊。

傳　使舉上客，而不稱介，不正其同倫而相介，故列而數之也。上客耳主也。禮，大夫爲卿介。遂與得臣俱爲卿，是以同倫爲副使，故兩言之，則無差降。○使，所吏反，注同。

冬十月，子卒。子赤也。諸侯在喪，既葬之稱。

傳　子卒不日，故也。故，殺也。不稱殺，諱也。

夫人姜氏歸于齊。

傳　惡宣公也。姜氏，子赤之母。宣公亦文公之子，其子被殺，故大歸也。其母敬嬴。惡不奉姜氏。○惡，烏路反，注同。嬴，音盈。依左傳應作頃熊。有不待貶絕而罪惡見者，泰曰：直書姜氏之歸，則宣公罪惡不貶而自見。有待貶絕而惡從之者。齊小白以國氏之類是也。姪娣者，不孤子之意也。言其一人有子，則共養。一人有子，三人緩帶。共望其祿。一曰就賢也。若並有子，則就其賢。謂年同也。宣公不奉哀姜，非此之謂，故惡之。

季孫行父如齊。

莒弑其君庶其。傳例曰：稱國以弑其君，君惡甚矣。

春秋穀梁傳卷十一

春秋穀梁傳卷十二

晉豫章太守順陽范　甯集解
明　後學　東吳葛　鼒較訂

宣公

元年春王正月公即位

傳繼故而言即位與聞乎故也 與音豫○

公子遂如齊逆女 不譏喪娶者不待貶絕而罪惡自見桓三年傳曰逆女親者也使大夫非正也

三月遂以夫人婦姜至自齊

傳其不言氏喪未畢故略之也 夫人不能以禮自固故與有貶 其曰婦緣姑言之之辭也遂之挈由上致之也 上謂宣公

夏季孫行父如齊

晉放其大夫胥甲父于衛

傳放猶屏也 屏除 稱國以放放無罪也

公會齊侯于平州 平州齊地離會故不致

公子遂如齊

六月齊人取濟西田

傳內不言取言取授之也以是爲賂齊也 宣公弒立賂齊以自輔恥賂之故書齊取

秋邾子來朝

楚子鄭人侵陳遂侵宋

傳遂繼事也

晉趙盾帥師救陳

傳善救陳也

宋公陳侯衛侯曹伯會晉師于棐林伐鄭 棐林鄭地

傳列數諸侯而會晉趙盾大趙盾之事也 大其衛中國攘夷狄 其曰師何也 據言會晉師不言會晉趙盾 以其大之也 以諸侯大趙盾之事故言師師者衆大之辭 于棐林地而後伐鄭疑辭也此其地何則著其美也 泰曰夫救災恤患其道宜速而方云會于棐林然後伐鄭狀似伐鄭有疑須會乃定曰非也欲美趙盾之功故詳錄其會地

冬晉趙穿帥師侵崇

晉人宋人伐鄭

傳伐鄭所以救宋也 時楚鄭侵宋

二年春王二月壬子宋華元帥師及鄭公子歸生帥師戰于大棘宋師敗績獲宋華元 大棘宋地華戶化反○

傳獲者不與之辭也 華元得衆甚賢故不與鄭獲之 言盡其衆以救其將也 先言敗績而後言獲知華元得衆心軍敗而後見獲晉與秦戰于韓未言敗績

而君已獲知晉侯不得衆心明矣以三軍敵華元華元雖獲不病矣何休曰書獲皆生獲也如欲不病華元當有變文鄭君釋之曰將帥見獲帥敗可知不當復書師敗績此兩書之者明宋師懼華元見獲皆竭力以救之無奈不勝敵耳華元有賢行得衆如是雖師敗身獲適明其美不傷賢行今兩書敗獲非變文如何

秦師伐晉

夏晉人宋人衛人陳人侵鄭

秋九月乙丑晉趙盾弒其君夷皋

傳穿弒也穿趙盾從父昆弟盾不弒而曰盾弒何也以罪盾也其以罪盾何也曰靈公朝諸大夫而暴彈之暴殘暴觀其辟丸也趙盾入諫不聽出亡至于郊禮三諫不聽則去待放於竟三年君賜之環則還賜之玦則往必三年者古疑獄三年而後斷易曰斷用徽纆示于叢棘三歲不得凶是也自嫌有罪當誅故三年不敢去○辟音避竟音境玦古穴反徽許歸反纆亡北反趙穿弒公而後反趙盾招使還史狐書賊曰趙盾弒公史國史掌書記事狐其名盾曰天乎天乎予無罪告天孰爲盾而忍弒其君者乎言己無弒君之罪迴己易他誰作盾而當忍弒君者乎史狐曰子爲正卿入諫不聽出亡不遠君弒反不討賊則志同志同穿也志同則書重非子而誰盾是正卿又賢故言重故書之曰晉趙盾弒其君夷皋者過在下也鄭嗣曰成十八年晉弒其君州蒲傳曰稱國以弒其君君惡甚矣然則稱臣以弒罪在臣下也趙盾弒其君不言罪而曰過者言非盾親弒有不討賊之過曰於盾也見忠臣之至於許世子止見孝子之至邵曰盾以亡不出竟反不討賊受弒君之罪忠不至故也止以病不知嘗藥受弒父之罪孝不至故也

冬十月乙亥天王崩匡王也

三年春王正月郊牛之口傷

傳之口緩辭也傷自牛作也牛自傷口非備災之道不至也故以緩辭言之

改卜牛牛死乃不郊

傳事之變也牛無故自傷其口易牛改卜牛復死乃廢郊禮此事之變異乃者亡乎人之辭也譏宣公不恭致天變

猶三望

葬匡王

楚子伐陸渾之戎

夏楚人侵鄭

秋赤狄侵齊

宋師圍曹

冬十月丙戌鄭伯蘭卒

葬鄭穆公

四年春王正月公及齊侯平莒及郯莒人不肯〇郯音談

傳及者內爲志焉爾平者成也不肯者可以肯也凱曰君子不念舊惡況爲大國所和乎

公伐莒取向向莒邑

傳伐猶可取向甚矣以義兵討不平未若不用兵以義使平者也故曰猶可也莒人辭不受治也乘義取邑所以不服伐莒義兵也討不釋怨取向非也乘義而爲利也

秦伯稻卒

夏六月乙酉鄭公子歸生弒其君夷

赤狄侵齊

秋公如齊公至自齊

冬楚子伐鄭

五年春公如齊

夏公至自齊

秋九月齊高固來逆子叔姬

傳諸侯之嫁子於大夫主大夫以與之婚禮主人設几筵于廟以待迎者諸侯大夫尊卑不敵故使大夫爲之主○迎魚敬反來者接內也不正其接內故不與夫婦之稱也來者謂高固高固齊之大夫而今與君接婚姻之禮故不言逆女

叔孫得臣卒

冬齊高固及子叔姬來

傳及者及吾子叔姬也爲使來者不使得歸之意也高固受使來聘而與婦俱歸故書及以明非禮莊二十七年冬杞伯姬來僖二十八年秋杞伯姬來皆不言所及是使得歸之意○受使所吏反

楚人伐鄭

六年春晉趙盾衛孫免侵陳

傳此帥師也其不言帥師何也據元年趙盾帥師救陳言帥師也不正其敗前事故不與帥師也元年救而今更侵之

夏四月

秋八月螽○螽音終

冬十月

七年春衛侯使孫良夫來盟

傳來盟前定也不言及者以國與之不言其人亦以國與之不日前定之盟不日

夏公會齊侯伐萊○萊音來

秋公至自伐萊

大旱

冬公會晉侯宋公衛侯鄭伯曹伯于黑壤

黑壤，某地。

八年春，公至自會。

夏六月，公子遂如齊，至黄乃復。蓋有疾而還。黄，齊地。

傳乃者，亡乎人之辭也。鄭嗣曰：大夫受命而出，雖死以尸將事。今遂以疾而還，失禮違命，故曰亡乎人，言魯使不得其人也。復者，事畢也，不專公命也。遂以疾反，而加事畢之文者，是不使遂專命還。

辛巳，有事于大廟。○大音泰，下注同。

仲遂卒于垂。祭于大廟之日而知仲遂卒。垂，齊地。

傳為若反命而後卒也。先書復，後言卒，使若遂已反命于君，而後卒于垂。此公子也，其曰仲，何也？疏之也。僖十六年傳曰：大夫不言公子、公孫，疏之也。何為疏之也？是不卒者也。遂與宣公共弒子赤。不疏，則無用見其不卒也。若書公子，則與正卒者同，故去公子以見之。則其卒之何也？據公子翬不書卒。○翬，許韋反。以譏乎宣也。其譏乎宣何也？聞大夫之喪，則去樂卒事。去籥萬卒祭事，言今不然。

壬午，猶繹，萬入去籥。

傳猶者，可以已之辭也。繹者，祭之旦日之享賓也。萬入去籥，萬，舞名。籥，管也。以其為之變，譏之也。內舞去籥，惡其聲聞。

此為鄉變於常禮，是知其不可而為之。○為，于偽反，注為鄉同。惡，烏路反。

戊子，夫人熊氏薨。宣公妻母。左氏作嬴氏。○

晉師、白狄伐秦。

楚人滅舒鄝。○鄝音了，本又作蓼。

秋七月甲子，日有食之，既。

冬十月己丑，葬我小君頃熊。文夫人姜氏大歸于齊，故宣公立己妾母為夫人，君以夫人禮卒葬之，故主書者不得不以為夫人，義與成風同。○頃熊，左氏作敬嬴。

雨，不克葬。

傳葬既有日，不為雨止，禮也。雨不克葬，喪不以制也。徐邈曰：案經文，是己丑之日葬，喪既出而遇雨。若未及己丑而却期，無為逆書此日葬禮。喪事有進無退。又士喪禮有潦車載簑笠，則人君之張設，固兼備矣。禮，先還柩於廟，其明昧爽而引，既及葬日之晨，則祖行遣奠之禮設矣。故雖雨猶終事，不敢停柩久矣。○不為，于偽反。簑，素禾反。笠音立。柩，其又反。

庚寅，日中而克葬。

傳而，緩辭也，足乎日之辭也。

城平陽。

楚師伐陳。

九年春王正月公如齊有母之喪而行朝會非禮

公至自齊

夏仲孫蔑如京師

齊侯伐萊

秋取根牟

八月滕子卒

九月晉侯宋公衛侯鄭伯曹伯會于扈

晉荀林父帥師伐陳

辛酉晉侯黑臀卒于扈

傳其地於外也其日未踰竟也外謂國都之外諸侯卒於路寢則不地傳例曰諸侯正卒則日不正則不日舊說踰竟亦不日然則諸侯不正而與未踰竟無以別之矣案襄七年鄭伯卒于操此年晉侯卒于扈文正與襄二十六年許男卒於楚同恐後人謂操扈是國故於疑似之際每為發傳曰未踰竟也○竟音境別彼列反

冬十月癸酉衛侯鄭卒

宋人圍滕

楚人伐鄭

晉郤缺帥師救鄭

陳殺其大夫泄冶

傳稱國以殺其大夫殺無罪也泄冶之無罪如何陳靈公通于夏徵舒之家公孫寧儀行父亦通其家二人陳大夫或衣其衣或衷其襦衷者襦在衷也○衣上於既反以相戲於朝泄冶聞之入諫曰使國人聞之則猶可使仁人聞之則不可君愧於泄冶不能用其言而殺之

十年春公如齊公至自齊齊人歸我濟西田

傳公娶齊齊由以為兄弟反之齊由以婚族故還魯田爾雅釋親曰婦之黨為婚兄弟不言來公如齊受之也

夏四月丙辰日有食之傳例曰言日不言朔食晦日則此丙辰晦之日也己巳在晦日之下五月之上推尋義例當是閏月矣文六年傳曰閏月者附月之餘日言閏承前月而受其餘日故書閏月之日繫前月之下蓋史策常法文有定例閏有常體無嫌不明故不復每月發傳哀五年公羊傳曰閏月不書此何以書推此言之則春秋固有在閏月而不冠以閏者矣至於閏不告月猶朝于廟閏月葬齊景公不正其閏無以言其事故書見變禮○冠工亂反

己巳齊侯元卒

齊崔氏出奔衛

傳氏者舉族而出之之辭也何休曰氏者譏世卿也鄭稱氏為舉族而出尹氏卒寧可復以為舉族死乎鄭君釋之曰云舉族死是何妖問甚乎舉族而出之之辭者固譏世卿也崔杼以世卿專權齊人惡其族令出奔既不欲其身反又不欲國立其宗後故孔子順而書之曰崔氏出奔衛若其舉族盡去之爾○惡烏路反

公如齊。五月，公至自齊。
癸巳，陳夏徵舒弒其君平國。
六月，宋師伐滕。月者，蓋爲下齊惠公葬速起。○爲，于僞反。
公孫歸父如齊，葬齊惠公。
晉人、宋人、衛人、曹人伐鄭。
秋，天王使王季子來聘。
傳 其曰王季，王子也。其曰子，尊之也。子者，人之貴稱。聘問也。
公孫歸父帥師伐邾，取繹。
大水。
季孫行父如齊。
冬，公孫歸父如齊。
齊侯使國佐來聘。
饑。
楚子伐鄭。
十有一年，春，王正月。
楚子、陳侯、鄭伯盟于夷陵。夷陵，齊地。○左氏作辰陵。
公孫歸父會齊人伐莒。

秋，晉侯會狄于欑函。欑函，狄地。
傳 不言及外狄。所以異之於諸夏。
冬，十月，楚人殺陳夏徵舒。變楚子言人者，弒君之賊，若曰人人所得殺也。其月，謹之。
傳 此入而殺也，其不言入何也？據入國乃得殺。外徵舒於陳也。其外徵舒於陳何也？據徵舒陳大夫，不應外。明楚之討有罪也。雍曰：經若書楚子入陳殺夏徵舒者，則入者內不受，是無以表徵舒之悖逆，楚子之得正。
丁亥，楚子入陳。
傳 入者，內弗受也。日入，惡入者也。何用弗受也？不使夷狄爲中國也。楚子入陳，納淫亂之人，執國威柄，制其君臣，傎倒上下，錯亂邪正，是以夷狄爲中國。○惡，烏路反。傎，丁田反，本又作顛。
納公孫寧、儀行父于陳。
傳 納者，內弗受也。輔人之不能民而討猶可，雍曰：輔相鄭國，有不能治民者，而討其罪人，則可。而曰猶可者，明鄭國之君無輔相之道。○想，息亮反。入人之國，制人之上下，使不得其君臣之道，不可。二人寧昏淫，當絕，而楚強納之，是制人之上下。○強，其丈反。
十有二年，春，葬陳靈公。傳例曰：失德不葬，君弒賊不討不葬，以罪下也。日卒時葬，正也。靈公淫夏姬，殺洩冶，臣子不能討賊。

踰三年然後葬而日卒時葬何邪泰曰楚已討之矣臣子雖欲討之無所討也故君子即而恕之以申臣子之恩稱國以殺大夫則靈公之惡不嫌不明書葬以表討賊不言靈公無罪也踰三年而後葬則國亂居可知矣非日月小有前却則書時不嫌

楚子圍鄭

夏六月乙卯晉荀林父帥師及楚子戰于邲郯鄭地○郯皮必反

晉師敗績

傳績功也功事也日其事敗也

秋七月

冬十有二月戊寅楚子滅蕭

晉人宋人衛人曹人同盟于清丘清丘衛地

宋師伐陳

衛人救陳

十有三年春齊師伐莒

夏楚子伐宋

秋螽

冬晉殺其大夫先穀

十有四年春衛殺其大夫孔達

夏五月壬申曹伯壽卒

晉侯伐鄭

秋九月楚子圍宋

葬曹文公

冬公孫歸父會齊侯于穀

十有五年春公孫歸父會楚子于宋

夏五月宋人及楚人平

傳平者成也善其量力而反義也各自知力不能相制反共和之義人者衆辭也平稱衆上下欲之也外平不道以吾人之存焉道之也吾人謂大夫歸父

六月癸卯晉師滅赤狄潞氏以潞子嬰兒歸

傳滅國有三術術猶道也○潞音路中國謹日卑國月夷狄不日卑國謂附庸之屬襄六年傳曰中國日卑國月夷狄時此謂三術其曰潞子嬰兒賢也

秦人伐晉

王札子殺召伯毛伯

傳王札子者當上之辭也殺召伯毛伯不言其何也解經不言殺其大夫○札側入反兩下相殺也兩下相殺不志乎春秋此其志何也矯王命以殺之非忿怒相殺也故曰以王命殺也以王命殺謂言王札子殺召伯毛伯是知以王命而殺之以王命殺則何志焉爲天下主者天也繼天者君

也君之所存者命也爲人臣而侵其君之命而用之是不臣也爲人君而失其命是不君也君不君臣不臣此天下所以傾也

秋螽

仲孫蔑會齊高固于無婁（無婁杞邑）

初稅畝

傳 初者始也古者什一（一夫一婦佃田百畝以共五口父母妻子也又受田十畝以爲公田公田在內私田在外此一夫一婦爲耕百一十畝○共音恭）藉而不稅（藉此公田而收其入言不稅民）初稅畝非正也古者三百步爲里名曰井田井田者九百畝公田居一（出除公田八十畝餘八百二十畝故井田之法八家共一井八百畝餘二十畝家各二畝半爲廬舍）私田稼不善則非吏（非責也吏田畯也言吏急民使不得營私田○畯音俊）公田稼不善則非民（民勤私）初稅畝者非公之去公田而履畝十取一也以公之與民爲已悉矣（悉謂盡其力）古者公田爲居（八家共居）井竈葱韭盡取焉（損其廬舍家作一園以種五菜外種楸桑以備養生送死○韭音九楸音秋）

冬蝝生

傳 蝝非災也其曰蝝非稅畝之災也（凡春秋記災未有言生者蝝之言緣也緣宣公稅畝故生此災以責之非責也○蝝以全反）

饑

十有六年春王正月晉人滅赤狄甲氏及留吁（甲氏留吁赤狄別種晉既滅潞氏今又并盡其餘邑也滅夷狄時賢嬰兒故滅其餘邑猶月）

夏成周宣榭災（成周東周今之洛陽宣榭宣王之榭爾雅曰室有東西廂曰廟無東西廂有室曰寢無室曰榭傳例曰國曰災邑曰火○榭音謝本或作謝災左氏作火）

傳 周災不志也其曰宣榭何也以樂器之所藏目之也（移風易俗莫善於樂是故貴其器）

秋郯伯姬來歸（爲夫家所遣）

冬大有年

傳 五穀大熟爲大有年

十有七年春王正月庚子許男錫我卒

丁未蔡侯申卒

夏葬許昭公

葬蔡文公

六月癸卯日有食之

己未公會晉侯衞侯曹伯邾子同盟于斷道（己未亦閏月之日斷道晉地）

傳 同者有同也同外楚也

秋，公至自會。

冬，十有一月壬午，公弟叔肸卒。

傳 其曰公弟叔肸，賢之也。其賢之何也？宣弒而非之也。宣公殺子赤，叔肸非責之。○肸，許乙反。非之，則胡爲不去也？曰：兄弟也，何去而之？言無所至。與之財，則曰我足矣。宣公與之財物，則言自足以距之。織屨而食，織屨賣以易食。終身不食宣公之食。君子以是爲通恩也，以取貴乎春秋。泰曰：宣公弒逆，故其祿不可受；兄弟無絶道，故雖非而不去。論情可以明親親，言義足以厲不軌，書曰公弟，不亦宜乎。

十有八年，春，晉侯、衛世子臧伐齊。

公伐杞。

夏，四月。

秋，七月，邾人戕繒子于繒。○戕，在良反。

傳 戕猶殘也，捝殺也。捝謂捶打殘賊而殺。地于繒，惡其臣子不能距難。○捝，他活反，又徒括反。捶，章蘂反。惡其，烏路反。難，乃旦反。

甲戌，楚子呂卒。商臣子，莊王。○呂，左氏作旅。

傳 夷狄不卒，卒，少進也。卒而不日，日，少進也。日而不言正不正，簡之也。中國君日卒，正也；不日，不正也。今進夷狄，直舉其日而不論正之與不正。

公孫歸父如晉。

冬，十月壬戌，公薨于路寢。

傳 正寢也。

歸父還自晉，至檉，遂奔齊。

傳 還者，事未畢也。莊八年秋，師還是也。自晉，事畢也。與人之子守其父之殯，人之子，謂歸父子也。言成公與歸父子共守宣公殯。捐殯而奔其父之使者，是以奔父也。捐，棄也。奔，猶逐也。言成公棄父之殯，逐父之使。使謂歸父也。父命未反而己逐之，是與親奔父無異。至檉，遂奔齊。遂，繼事也。杜預曰：檉，魯竟外，故不言出。○檉，尸貞反。左氏作笙。竟音境。

春秋穀梁傳卷十二

春秋穀梁傳卷十三

晉豫章太守順陽范　甯集解
明　後學　東吳金　蟠較訂

成公

元年春王正月公卽位

二月辛酉葬我君宣公

無冰

傳 終時無冰則志此未終時而言無冰何也（言終寒時無冰當志之耳今方建丑之月是寒時未終）終無冰矣加之寒之辭也（周二月建丑之月夏之十二月也此月既是常寒之月於寒之中又如加甚常年過此無冰終無復冰矣）

三月作丘甲（周禮九夫爲井四井爲邑四邑爲邱邱十六井甲鎧也○鎧開代反）

傳 作爲也丘爲甲也（使一丘之民皆作甲）丘甲國之事也丘作甲非正也丘作甲之爲非正何也古者立國家百官具農工皆有職以事上古者有四民有士民（學習通藝者）有商民（通四方之貨者）有農民（播殖耕稼者）有工民（巧心勞手以成器物者）夫甲非人人之所能爲也（各有業也○夫音符）丘作甲非正也

夏臧孫許及晉侯盟于赤棘（赤棘晉地）

秋王師敗績于貿戎（貿戎地○貿音茂左氏作茅戎）

傳 不言戰莫之敢敵也爲尊者諱敵不諱敗（諱敵使莫二也不諱敗容有過否○爲于僞反）爲親者諱敗不諱敵（諱敗惜其毀折也不諱敵諸侯有列國）尊尊親親之義也（尊則無敵親則保全尊謂王親謂魯）然則孰敗之晉也

冬十月

傳 季孫行父禿晉郤克眇衛孫良夫跛曹公子手僂同時而聘於齊齊使禿者御禿者使眇者御眇者使跛者御跛者使僂者御僂者（御音迓迓迎也○禿他木反眇亡小反跛波可反僂於矩反）蕭同姪子處臺上而笑之（蕭國也同姓也姪子字也其母更嫁齊惠公生頃公宣十二年楚人滅蕭故隨其母在齊）聞於客客不說而去相與立胥閭而語移日不解（胥閭門名○說音悅解古買反）齊人有知之者曰齊之患必自此始矣（穀梁子作傳皆釋經以言義未有無其文而橫發傳者甯疑經冬十月下云季孫行父如齊脫此六字○橫華孟反又如字）

二年春齊侯伐我北鄙

夏四月丙戌衛孫良夫帥師及齊師戰于新築衛師敗績

（新築，衛地。）

六月癸酉。季孫行父。臧孫許。叔孫僑如。公孫嬰齊帥師。會晉郤克。衛孫良夫。曹公子手及齊侯戰于鞌。齊師敗績。（鞌，齊地。○手，左氏作首。鞌音安。）

[傳]其日。或曰日其戰也。或曰日其悉也。（悉謂魯四大夫時悉在戰也。明二者皆當日。）曹無大夫。其曰公子。何也。以吾之四大夫在焉。舉其貴者也。（不欲令內眾大夫與外卑者共行戰。○令，力呈反。）

秋七月。齊侯使國佐如師。己酉。及國佐盟于爰婁。

[傳]鞌去國五百里。爰婁去國五十里。（國，齊國也。）一戰緜地五百里。焚雍門之茨。（雍門，齊地。門茨，蓋也。雍，於用反。茨，在私反。）○侵車至海。（侵車，侵伐之車。言時侵齊，過乃至海。）君子聞之。曰。夫甚甚之辭焉。（鄭嗣曰：君子聞戰于鞌，乃盟于爰婁，焚雍門之茨，侵車至海，言因齊之敗，遍之甚。○夫甚音符。）齊有以取之也。齊之有以取之何也。敗衛師于新築。侵我北鄙。敖郤獻子。（謂笑其跛。跛，布可反。）○齊有以取之也。爰婁在師之外。（言師已遍其國。）郤克曰。反魯衛之侵地。以紀侯之甗來。（甗，玉甑。齊滅紀，故得其寶。甗，魚輦反，又音言，又音彥。）○以蕭同姪子之母為質。（齊侯與姪子同母異父昆弟。不欲斥言齊侯之母，故言蕭同姪子之母也。兼怨姪子笑。）使耕者皆東其畝。（欲以利其戎車，於驅侵易。○易，以豉反。）然後與子盟。國佐曰。反魯衛之侵地。以紀侯之甗來。則諾。以蕭同姪子之母為質。則是齊侯之母也。齊侯之母。猶晉君之母也。晉君之母。猶齊侯之母也。（言尊同也。）使耕者盡東其畝。則是終土齊也。（凱曰：利其戎車侵伐易，則是以齊為土。）不可。（不可，謂諾不許己言。）請一戰。一戰不克。請再。再不克。請三。三不克。請四。四不克。請五。五不克。舉國而授。於是而與之盟。

八月壬午。宋公鮑卒。

庚寅。衛侯速卒。

取汶陽田。

（○汶音問。）

冬。楚師。鄭師侵衛。

十有一月。公會楚公子嬰齊于蜀。（蜀，某地。）

[傳]楚無大夫。其曰公子。何也。嬰齊亢也。（泰曰：莊二十二年丙申，及齊高傒盟；文二年乙巳，及晉處父盟。傳曰不言高傒、處父，亢也。此傳會嬰齊，書公以明亢，何乎？蓋言高傒、處父亢禮敵公，書公則內恥也。嬰齊初雖驕慢，終自降替，故于會則書公，以顯嬰齊之驕；亢于盟則稱人，以表嬰齊之服罪。然則向之驕，正足以表其無禮，不足以病公，則書公可也。）

丙申。公及楚人。秦人。宋人。陳人。衛人。鄭人。齊人。曹人。邾人。薛人。鄫人盟于蜀。

[傳]楚其稱人何也。（怪楚向稱公子，今稱人，齊在鄭下。蓋時王所黜。）於是而

後公得其所也。會與盟同月，則地會不地盟。不同月，則地會地盟。此其地會地盟何也？以公得其所，申其事也。公得其所，謂楚稱人。申其事，謂地會地盟。今之屈，向之驕也。

三年春王正月，公會晉侯、宋公、衛侯、曹伯伐鄭。宋衛未葬，而自同於正君，故書公侯以譏之。

辛亥，葬衛穆公。

二月，公至自伐鄭。

甲子，新宮災，三日哭。

傳新宮者，禰宮也。謂宣公廟也。三年喪畢，宣公神主新入廟，故謂之新宮。○禰，乃禮反。三日哭，哀也。其哀，禮也。宮廟，親之神靈所憑居，而遇災，故以哀哭爲禮。迫近不敢稱謚，恭也。迫近，言親禰也。桓、僖遠祖，則稱謚。其辭恭且哀，以成公爲無譏矣。

乙亥，葬宋文公。

夏，公如晉。

鄭公子去疾帥師伐許。

公至自晉。

秋，叔孫僑如帥師圍棘。

大雩。

晉郤克、衛孫良夫伐廧咎如。○咎，音羔。

冬十有一月，晉侯使荀庚來聘。衛侯使孫良夫來聘。

丙午，及荀庚盟。丁未，及孫良夫盟。

傳其日，公也。來聘而求盟，不言及者，以國與之也。不言其人，亦以國與之也。徐邈曰：不言及，謂先書來盟者也。若宣七年衛孫良夫來盟是也。以國與之，謂舉國爲主，故直不書外來爾。此先聘而後盟，故不言來盟，總言及而不復著其人，亦是舉國之辭。○復，扶又反。不言求，兩欲之也。

鄭伐許。鄭從楚而伐衛之喪，又叛諸侯之盟，故狄之。

四年春，宋公使華元來聘。

三月壬申，鄭伯堅卒。

杞伯來朝。

夏四月甲寅，臧孫許卒。

公如晉。

秋，公至自晉。

葬鄭襄公。

冬，城鄆。○鄆，音運。

鄭伯伐許。喪未踰年，自同於正君，亦譏之。

五年春王正月，杞叔姬來歸。

傳婦人之義，嫁曰歸，反曰來歸。

仲孫蔑如宋。

夏，叔孫僑如會荀首于穀。穀，齊地。

梁山崩。梁山，晉之望也。不言晉者，名山大澤不以封也。許慎曰：山者，陽位，君之象也。象君權壞。

傳不日何也？據僖十四年秋八月辛卯沙鹿崩書日。高者有崩道也。有崩道則何以書也？曰：梁山崩，壅遏河三日不流。晉君召伯尊而問焉。伯尊來，遇輦者，輦者不辟，使車右下而鞭之。凡車，將在左，御在中，有力之人在右，所以備非常。○尊，左氏作伯宗。辟音避。將，子匠反。輦者曰：所以鞭我者，其取道遠矣。所用鞭我之閒行道則可遠。伯尊下車而問焉。以其言有理，知非凡人。曰：子有聞乎？對曰：梁山崩，壅遏河三日不流。伯尊曰：君爲此召我也，爲之柰何？輦者曰：天有山，天崩之；天有河，天壅之。雖召伯尊，如之何？伯尊由忠問焉。用忠誠之心問之。輦者曰：君親素縞，帥羣臣而哭之，既而祠焉，斯流矣。素衣縞冠，凶服也。所以凶服者，山川國之鎮也。山崩川塞，示哀窮。○縞，古老反。伯尊至，君問之曰：梁山崩，壅遏河三日不流，爲之柰何？伯尊曰：君親素縞，帥羣臣而哭之，既而祠焉，斯流矣。孔子聞之曰：伯尊其無績乎，攘善也。績，功也。攘，盜也。取輦者之言而行之，非己之功也。績或作續，謂無繼嗣。

秋，大水。

冬十一月己酉，天王崩。定王。

十有二月己丑，公會晉侯、齊侯、宋公、衛侯、鄭伯、曹伯、邾子、杞伯，同盟于蟲牢。蟲牢，鄭地。

六年春王正月，公至自會。

二月辛巳，立武宮。舊說曰：武公之宮，廟毀已久矣，故傳曰不宜立也。禮記明堂位曰：魯公之廟，文世室也；武公之廟，武世室也。言世室則不毀也，則義與此違。

傳立者不宜立也。

取鄟。○鄟音專。

傳鄟，國也。

衛孫良夫帥師侵宋。

夏六月，邾子來朝。

公孫嬰齊如晉。

壬申，鄭伯費卒。○費音秘。

秋仲孫蔑叔孫僑如帥師侵宋

楚公子嬰齊帥師伐鄭

冬季孫行父如晉

晉欒書帥師救鄭

七年春王正月鼷鼠食郊牛角

不言免牛者以方改卜郊吉否未可知○鼷音奚

改卜牛鼷鼠又食其角乃免牛

傳不言日急辭也辭中促急不容日過有司也郊牛日展觓角而知傷展道盡矣其所以備災之道不盡也有司展察牛而即知傷是展察之道盡不能防災禦患致使牛傷故不書日以顯有司之過觓球球然角貌○觓其樛反一音求改卜牛鼷鼠又食其角又有繼之辭也前已食故曰繼其緩辭也曰亡乎人矣非人之所能也所以免有司之過也至此復食乃知國無賢君天災之爾非有司之過也故言其以赦之乃免牛乃者亡乎人之辭也免牲者爲之緇衣纁裳有司玄端奉送至于南郊免牛亦然免牲不曰不郊免牛亦然郊者用牲今言免牲則不郊顯矣若言免牛亦不郊而經復書不郊者蓋爲三望起爾言時既不郊而猶三望明失禮

吳伐郯

○郯音談

夏五月曹伯來朝

不郊猶三望

秋楚公子嬰齊帥師伐鄭

公會晉侯齊侯宋公衛侯曹伯莒子邾子杞伯救鄭

八月戊辰同盟于馬陵

馬陵衛地

公至自會

吳入州來

州來楚地

冬大雩

傳雩不月而時非之也冬無爲雩也

衛孫林父出奔晉

八年春晉侯使韓穿來言汶陽之田歸之于齊

晉爲盟主齊還事晉故使魯還二年齊所反之田

傳于齊緩辭也不使盡我也若曰爲之請歸不使晉制命于我○爲于僞反

晉欒書帥師侵蔡

公孫嬰齊如莒

宋公使華元來聘

夏宋公使公孫壽來納幣

婚禮不稱主人宋公無主婚者自命之故稱使納幣不書書者賢伯姬故盡其事

晉殺其大夫趙同趙括。

秋七月天子使召伯來錫公命。

【傳】禮有受命無來錫命錫命非正也曰天子何也曰見一稱也天王天子王者之通稱自此以上未有言天子者今言天子是更見一稱

冬十月癸卯杞叔姬卒。杜預曰前五年來歸者女既適人雖見出棄猶以成人之禮書之終爲杞伯所葬故稱杞叔姬

晉侯使士燮來聘。

叔孫僑如會晉士燮齊人邾人伐郯。

衛人來媵。杜預曰古者諸侯娶嫡夫人及左右媵各有姪娣皆同姓之國國三人凡九女所以廣繼嗣魯將嫁伯姬于宋故衛來媵

【傳】媵淺事也不志此其志何也以伯姬之不得其所故盡其事也不得其所謂災死也江熙曰共公之葬由伯姬則共公是失德者也傷伯姬賢而嫁不得其所○共音恭

春秋穀梁傳卷十三

春秋穀梁傳卷十四

晉豫章太守順陽范　甯集解

明後學　東吳葛　鼒較訂

成公

九年春王正月杞伯來逆叔姬之喪以歸

傳 傳曰夫無逆出妻之喪而爲之也

公會晉侯齊侯宋公衛侯鄭伯曹伯莒子杞伯同盟于蒲（蒲衛地）

公至自會

二月伯姬歸于宋（逆者非卿故不書）

夏季孫行父如宋致女（致勑戒之言於女）

傳 致者不致者也婦人在家制於父既嫁制於夫如宋致女是以我盡之也（剌已嫁而猶以父制盡之）不正故不與內稱也（內稱謂稱使）逆者微故致女詳其事賢伯姬也

晉人來媵

傳 媵淺事也不志此其志何也以伯姬之不得其所故盡其事也

秋七月丙子齊侯無野卒

晉人執鄭伯

晉欒書帥師伐鄭

傳 不言戰以鄭伯也（欒書以鄭伯伐鄭君臣無戰道）爲尊者諱恥（不使臣敵君王師敗績于貿戎是也○爲于僞反下及注同）爲賢者諱過（爲齊桓諱滅項是也）爲親者諱疾（雍曰欒書以鄭伯伐鄭不言戰是也鄭兄弟之國故謂之親君臣交兵病莫大焉故爲之諱）

冬十有一月葬齊頃公

楚公子嬰齊帥師伐莒庚申莒潰

傳 其日莒雖夷狄猶中國也（莒雖有夷狄之行猶是中國○行下孟反）大夫潰莒而之楚是以知其上爲事也（臣以叛君爲事明君臣無道）惡之故謹而日之也（潰例月甚之故日○惡烏路反）

楚人入鄆

秦人白狄伐晉

鄭人圍許

城中城

傳 城中城者非外民也（譏公不務德政恃城以自固不能衛其人民）

十年春衛侯之弟黑背帥師侵鄭

夏四月五卜郊不從乃不郊

傳夏四月不時也郊時極於三月五卜強也乃者亡乎人之辭也○強其丈反

五月公會晉侯齊侯宋公衛侯曹伯伐鄭

齊人來媵媵伯姬也異姓來媵非禮

丙午晉侯獳卒○獳乃侯反

秋七月公如晉

冬十月

十有一年春王三月公至自晉

晉侯使郤犨來聘己丑及郤犨盟○犨尺由反公羊作郤州

夏季孫行父如晉

秋叔孫僑如如齊

冬十月

十有二年春周公出奔晉

傳周有入無出鄭嗣曰王者無外故無出也宗廟宮室有定所或即位失其常處反常書入內宗廟也昭二十六年天王入于成周是其曰出上下一見之也鄭嗣曰上謂僖二十四年天王出居于鄭下謂今周公出奔上下皆一見之言其上下之道無以存也上雖失之下孰敢有之今上下皆失之矣上雖有不君之失臣下莫敢效不臣之過今復云周公之出則上下皆有失矣君而不君臣而不臣是無以存乎世言周之所以衰

夏公會晉侯衛侯于瑣澤瑣澤某地

秋晉人敗狄于交剛交剛某地

傳中國與夷狄不言戰皆曰敗之不使夷狄敵中國夷狄不日

冬十月

十有三年春晉侯使郤錡來乞師○錡魚綺反

傳乞重辭也古之人重師故以乞言之也

三月公如京師

傳公如京師不月月非如也時實會晉伐秦過京師也公行出竟有危則月朝聘京師理無危懼故不月○過音戈下同竟音境非如而曰如不叛京師也因其過朝故正其文若使本自往

夏五月公自京師遂會晉侯宋公衛侯鄭伯曹伯邾人滕人伐秦

傳言受命不敢叛周也使若既朝王而王命已使伐秦叛周謂專征伐

曹伯廬卒于師

傳傳曰閔之也公大夫在師曰師在會曰會

秋七月公至自伐秦

冬葬曹宣公

傳葬時正也

十有四年春王正月莒子朱卒徐邈曰傳稱莒雖夷狄猶中國也言莒本中國末世衰弱遂行夷禮葬皆南謚而莒君無謚謚以公配而吳楚稱王所以終春秋亦不得書葬

夏衛孫林父自晉歸于衛

秋叔孫僑如如齊逆女泰曰親迎例時大夫逆皆謹一月以譏之下云九月僑如以夫人婦姜氏至自齊一事不二譏故此可以不月也宣元年公子遂如齊逆女亦以時逆而月致義與此同○逆魚敬反傳同

鄭公子喜帥師伐許

九月僑如以夫人婦姜氏至自齊

傳大夫不以夫人以夫人非正也刺不親迎也僑如之摯由上致之也

冬十月庚寅衛侯臧卒

秦伯卒

十有五年春王二月葬衛定公

三月乙巳仲嬰齊卒

傳此公孫也其曰仲何也此蓋仲遂之子據實公孫子由父疏之也雍曰父有弑君之罪故不得言公子父不言公子則子不得稱公孫是見疏之罪由父故

癸丑公會晉侯衛侯鄭伯曹伯宋世子成齊國佐邾人同盟于戚晉侯執曹伯歸于京師

傳以晉侯而斥執曹伯惡晉侯也僖二十八年晉人執衛侯歸之于京師此伯討之文也今以侯執伯明執之不以其罪不言之急辭也斷在晉侯也明晉之私○斷丁亂反

公至自會

夏六月宋公固卒

楚子伐鄭

秋八月庚辰葬宋共公○共音恭

傳月卒日葬非葬者也宋共公正立卒當書日葬無甚危則當錄月今反常違例故知不葬者也然則共公之不宜書葬昏亂故此其言葬何也以其葬共姬不可不葬共公也葬共姬則其不可不葬共公何也夫人之義不踰君也為賢者崇也賢崇伯姬故書共公葬○為于僞反

宋華元出奔晉宋華元自晉歸于宋

宋殺其大夫山

宋魚石出奔楚

冬十有一月叔孫僑如會晉士燮齊高無咎宋華元

衛孫林父、鄭公子鰌、邾人會吳于鍾離。○鰌音秋。

傳會又會，外之也。再書會，殊外夷狄。

許遷于葉。○葉始涉反。

傳遷者，猶得其國家以往者也。其地，許復見也。

十有六年春王正月，雨木冰。穀梁傳曰：雨木冰者，木介甲冑兵之象。

傳雨而木冰也。雨著木成冰。○著直略反。志異也。傳曰：根枝折。

夏四月辛未，滕子卒。

鄭公孫喜帥師侵宋。

六月丙寅朔，日有食之。

晉侯使欒黶來乞師。將與鄭楚戰。○黶於斬反。

甲午晦，晉侯及楚子、鄭伯戰于鄢陵。鄢陵，鄭地。○鄢音偃。

楚子、鄭師敗績。

傳日事遇晦曰晦，四體偏斷曰敗，此其敗則目也。此言敗者，目傳故。楚不言師，君重于師也。

楚殺其大夫公子側。

秋，公會晉侯、齊侯、衛侯、宋華元、邾人于沙隨，不見公。沙隨，宋地。

傳不見公者，可以見公也。可以見公而不見公，譏在諸侯也。

公至自會。

公會尹子、晉侯、齊國佐、邾人伐鄭。尹子，王卿士。子，爵。

曹伯歸自京師。

傳不言所歸，歸之善者也。出入不名，以為不失其國也。歸為善，謂直言歸，而不言其國，即曹伯歸自京師，不言于曹是。自某歸次之。若蔡季自陳歸于蔡，衛侯鄭自楚復歸于衛。

九月，晉人執季孫行父，舍之于苕丘。行父，魯執政卿，其身執，則危及國，故謹而錄之，所憂也。苕丘，晉地。○苕音條。

傳執者不舍，據昭二十三年，晉人執我行人叔孫婼，不言舍。○婼丑略反。而舍公所也。今言舍者，以公在苕丘故也。公在苕丘而言舍者，明不得致也。若既不致，復不言舍，則無以見其舍。執者致，據昭二十四年，婼至自晉。而不致，公在也。在在苕丘也。見舍于苕丘，還國則公俱不得致者，重在公。何其執而辭也？問何故書執季孫行父而言舍之，復不致之辭邪。猶在公也。時行父雖為晉所執，猶欲存公之所在，故不致行父，又言舍之，皆所以見公在苕丘。存意公亦存也。問存舍之不致之意，便可知公所在乎。公存也。但存此二事，即知公在苕丘。

冬十月乙亥叔孫僑如出奔齊
徐邈曰案襄二十三年臧孫紇出奔齊傳曰其日正臧紇之出也禮大夫去君掃其宗廟不絶其祀身雖出奔而君遇之不失正故詳而紀之明有恩義也○紇恨發反

十有二月乙丑季孫行父及晉郤犨盟于扈

公至自會
無二事會則致會伐則致伐上無會事當言至自伐鄭而言至是會甯所未詳鄭君曰伐而致會於伐事不成

乙酉刺公子偃

傳大夫日卒正也先刺後名殺無罪也
僖二十八年公子買戍衛不卒戍刺之是有罪者以先列其罪○戍式喻反

十有七年春衛北宮括帥師侵鄭

夏公會尹子單子晉侯齊侯宋公衛侯曹伯邾人伐鄭
○單音善

六月乙酉同盟于柯陵
柯陵鄭地

傳柯陵之盟謀復伐鄭也

秋公至自會

傳不曰至自伐鄭也公不周乎伐鄭也
周信也公遍諸侯爲此盟爾意不欲更伐鄭
何以知公之不周乎伐鄭以其以會致也何以知其盟復伐鄭也以其後會之人盡盟者也
後會謂冬公會單子等是
不周乎伐鄭則何爲日也
據無伐鄭意而強盟盟不由忠不當日也○強其丈反
言公之不背柯陵之盟也
舍己從人遂伐鄭

齊高無咎出奔莒

九月辛丑用郊

傳夏之始可以承春以秋之末承春之始蓋不可矣
郊春事也僖三十一年夏四月四卜郊不從傳曰四月不時今言可者方明秋末之不可故以是爲猶可也
九月用郊用者不宜用也宮室不設不可以祭衣服不脩不可以祭車馬器械不備不可以祭有司一人不備其職不可以祭祭者薦其時也薦其敬也薦其美也非享味也

晉侯使荀罃來乞師
將伐鄭○罃烏耕反

冬公會單子晉侯宋公衛侯曹伯齊人邾人伐鄭

傳言公不背柯陵之盟也

十有一月公至自伐鄭

壬申公孫嬰齊卒于貍蜃
貍蜃魯地也○貍蜃上力之反下時軫反

傳十一月無壬申壬申乃十月也致公而後錄臣

子之義也。（嬰齊實以十月壬申日卒，而公以十一月還，先致公而後錄其卒，故壬申在十一月下也。嬰齊從公伐鄭，致公然後伐鄭之事畢，須公事畢然後書臣卒，先君後臣之義也。）其地未踰竟也。

十有二月丁巳朔，日有食之。

邾子貜且卒。（○貜，俱縛反。且，子餘反。）

晉殺其大夫郤錡、郤犨、郤至。

傳　自禍於是起矣。（厲公見殺之禍。）

楚人滅舒庸。

十有八年春王正月，晉殺其大夫胥童。

庚申，晉弑其君州蒲。

傳　稱國以弑其君，君惡甚矣。

齊殺其大夫國佐。

公如晉。

夏，楚子、鄭伯伐宋。宋魚石復入于彭城。（彭城，宋邑。魚石十五年奔楚，經稱復入者，明前奔時入彭城以叛也。今楚取彭城以封魚石，故言復入。）

公至自晉。

晉侯使士匄來聘。（○匄音蓋。）

秋，杞伯來朝。

八月，邾子來朝。

築鹿囿。（築牆爲鹿地之苑。）

傳　築不志，此其志何也？山林藪澤之利，所以與民共也，虞之非正也。

己丑，公薨于路寢。

傳　路寢，正也。男子不絕婦人之手，以齊終也。（○齊，如字，又側皆反。）

冬，楚人、鄭人侵宋。

晉侯使士魴來乞師。（○魴音房。）

十有二月，仲孫蔑會晉侯、宋公、衛侯、邾子、齊崔杼同盟于虛朾。（虛朾，某地。）

丁未，葬我君成公。

春秋穀梁傳卷十四

春秋穀梁傳卷十五

晉豫章太守順陽范　甯集解

明　後學　東吳金　蟠較訂

襄公

元年春王正月公卽位

傳 繼正卽位正也

仲孫蔑會晉欒黶宋華元衛甯殖曹人莒人邾人滕人薛人圍宋彭城

傳 繫彭城於宋者不與魚石正也（魚石得罪於宋，成十五年奔楚。十八年復入於彭城，然則彭城已屬魚石，今猶繫宋者，崇君抑叛臣也。）

夏晉韓厥帥師伐鄭

仲孫蔑會齊崔杼曹人邾人杞人次于鄫（鄫，鄭地。鄫或爲合。○鄫，似陵反。）

秋楚公子壬夫帥師侵宋

九月辛酉天王崩

邾子來朝

冬衛侯使公孫剽來聘（○剽，匹妙反。）

晉侯使荀罃來聘（冬者，十月初也。王崩赴未至，皆未聞喪，故各得行朝聘之禮。）

二年春王正月葬簡王

鄭師伐宋

夏五月庚寅夫人姜氏薨

六月庚寅鄭伯睔卒（○睔，古困反。）

晉師宋師衛甯殖侵鄭

傳 其曰衛甯殖如是而稱于前事也（初，衛侯速卒，鄭人侵之，故甯殖之報，以明稱於前事。不書晉宋之將，以慢其伐人之喪。）

秋七月仲孫蔑會晉荀罃宋華元衛孫林父曹人邾人于戚

己丑葬我小君齊姜（齊，謚。）

叔孫豹如宋

冬仲孫蔑會晉荀罃齊崔杼宋華元衛孫林父曹人邾人滕人薛人小邾人于戚遂城虎牢

傳 若言中國焉內鄭也（虎牢，鄭邑。鄭服罪，內之，故爲之城。不繫虎牢於鄭者，如中國之邑也。僖二年城楚丘，傳曰：楚丘者何？衛之邑。國曰城，此邑也，其曰城何？封衛也。然則非魯邑皆不言城。中國猶國中也。○爲，于僞反。）

楚殺其大夫公子申

三年春楚公子嬰齊帥師伐吳

公如晉。

夏四月壬戌，公及晉侯盟于長樗。晉侯出其國都與公盟於外地○樗丑居反

公至自晉。

六月，公會單子、晉侯、宋公、衞侯、鄭伯、莒子、邾子、齊世子光。己未，同盟于雞澤。雞澤地也

傳同者，有同也，同外楚也。

陳侯使袁僑如會。

傳如會，外乎會也，外乎會者明本非會內也諸侯已會乃至耳於會受命也。

戊寅，叔孫豹及諸侯之大夫及陳袁僑盟。

傳及以及，與之也。諸侯在會而大夫又盟是大夫執國之權亢君之禮陳君不會袁僑受使來盟袁僑之盟得其義也通言叔孫豹及諸侯之大夫則無以表袁僑之得禮故再言及明獨與袁僑不與諸侯之大夫○受使所吏反諸侯以爲可與則與之，不可與則釋之。諸侯盟，又大夫相與私盟，是大夫張也。故雞澤之會，諸侯始失正矣，大夫執國權。曰袁僑，異之也。釋不但總言及諸侯之大夫而復別言袁僑者是異袁僑之得禮

秋，公至自晉。

冬，晉荀罃帥師伐許。

四年春王三月己酉，陳侯午卒。

夏，叔孫豹如晉。

秋七月戊子，夫人姒氏薨。成公夫人襄公母也姒杞姓

葬陳成公。

八月辛亥，葬我小君定姒。定謚

冬，公如晉。

陳人圍頓。

五年春，公至自晉。

夏，鄭伯使公子發來聘。

叔孫豹、繒世子巫如晉。

傳外不言如，而言如，爲我事往也。外相如不書爲魯事往故同於內○爲于僞反

仲孫蔑、衞孫林父會吳于善稻。善稻吳地○左氏作善道

傳吳謂善伊，謂稻緩，號從中國，名從主人。夷狄所號地形及物類當從中國言之以教殊俗故不言伊緩而言善稻人名當從其本俗言

秋，大雩。

楚殺其大夫公子壬夫。

公會晉侯宋公陳侯衛侯鄭伯曹伯莒子邾子滕子薛伯齊世子光吳人繒人于戚。繒以外甥爲子，繒夷狄之不若，故序吳下。所以不復殊外吳者，以其數會中國故。○數音朔

公至自會。

冬，戍陳。

傳 內辭也。不言諸侯，是魯戍之。

楚公子貞帥師伐陳。

公會晉侯宋公衛侯鄭伯曹伯莒子邾子滕子薛伯齊世子光救陳。十有二月，公至自救陳。

傳 善救陳也。楚人伐陳，公能救中國而攘夷狄，故善之。善之，謂以救陳致。

辛未，季孫行父卒。

六年春王三月壬午，杞伯姑容卒。

夏，宋華弱來奔。

秋，葬杞桓公。

滕子來朝。

莒人滅繒。莒是繒甥，立以爲後，非其族類，神不歆其祀，故言滅。○繒似陵反

傳 非滅也。非以兵滅。中國日，卑國月，夷狄時。繒，中國也，而時，非滅也。家有既亡，國有既滅。滅猶亡，亡猶滅。家立異姓爲後則亡，國立異姓爲嗣則滅。既，盡也。滅而不自知，由別之而不別也。繒不達滅亡之義，故國滅而不知。○別，彼列反 莒人滅繒，非滅也，立異姓以莅祭祀，滅亡之道也。

冬，叔孫豹如邾。

季孫宿如晉。宿，行父子。

十有二月，齊侯滅萊。

七年春，郯子來朝。○郯音談

夏四月，三卜郊，不從，乃免牲。

傳 夏四月，不時也。三卜，禮也。乃者，亡乎人之辭也。

小邾子來朝。

城費。

秋，季孫宿如衛。

八月，螽。

冬十月，衛侯使孫林父來聘。壬戌，及孫林父盟。

楚公子貞帥師圍陳。

十有二月，公會晉侯宋公陳侯衛侯曹伯莒子邾子于鄬。鄬，鄭地。

鄭伯髡原如會。

○髡苦門反或作頵於倫反左氏作髡頑

未見諸侯丙戌卒于操操鄭地

傳未見諸侯其曰如會何也致其志也禮諸侯不生名此其生名何也卒之名也卒之名則何爲加之如會之上見以如會卒也其見以如會卒何也鄭伯將會中國其臣欲從楚不勝其臣弒而死其不言弒何也不使夷狄之民加乎中國之君也邵曰以其臣欲從楚故謂夷狄之民不欲使夷狄之臣得弒中國之君故去弒而言卒使若正卒然其地於外也其日未踰竟也日卒時葬正也

陳侯逃歸

傳以其去諸侯故逃之也鄭伯欲從中國而罹其凶禍諸侯莫有討心於是懼而去之背華即夷故書逃以抑之

八年春王正月公如晉

夏葬鄭僖公

鄭人侵蔡獲蔡公子濕獲者不與之辭侵者所以服不義無相獲之道○濕本又作隰又音燮二十年同左氏作燮

傳人微者也侵淺事也而獲公子公子病矣

季孫宿會晉侯鄭伯齊人宋人衛人邾人于邢丘邢邱地邢音刑○

傳見魯之失正也公在而大夫會也

公至自晉

莒人伐我東鄙

秋九月大雩

冬楚公子貞帥師伐鄭

晉侯使士匄來聘

九年春宋災

傳外災不志此其志何也故宋也故猶先也孔子之先宋人

夏季孫宿如晉

五月辛酉夫人姜氏薨成公母

秋八月癸未葬我小君穆姜

冬公會晉侯宋公衛侯曹伯莒子邾子滕子薛伯小邾子齊世子光伐鄭十有二月己亥同盟于戲戲鄭地戲許宜反○

傳不異言鄭善得鄭也不致恥不能據鄭也戲盟還而楚伐鄭故恥不能終有鄭

楚子伐鄭

十年春公會晉侯宋公衛侯曹伯莒子邾子滕子薛伯杞伯小邾子齊世子光會吳于相

柤，楚地。○柤，莊加反。

傳會又會，外之也。五年會于戚，不殊會。今殊會吳者，復夷狄故。

夏，五月，甲午，遂滅傅陽。○傳陽，左氏作偪陽。

傳遂，直遂也。其曰遂，何？不以中國從夷狄也。言時實吳會諸侯滅傳陽，恥以中國之君從夷狄之主，故加甲午，使若改日，諸侯自滅傳陽。滅卑國月，此日，蓋爲遂耳。○爲，于僞反。

公至自會。

傳會夷狄不致，惡事不致，夷狄不致，恥與同；惡事不致，恥有惡。此其致何也？會吳會夷狄也，滅傳陽惡事也，據不應致。存中國也。以中國之君從夷狄之主而滅人之邑也，此卽夷狄爾，是無中國也。故加甲午，使若改日，諸侯自滅傳陽爾，不以諸侯從夷狄也。滅中國雖惡事，自諸侯之一眚，爾從夷狄而滅人，則中國不復存矣。中國有善事，則幷焉。若中國有善事，則不復言會諸侯，改日遂滅傳陽，如僖四年諸侯侵蔡，蔡潰，遂伐楚，是幷焉。無善事，則異之存之也。諸侯會吳于柤，甲午遂滅傳陽，是則若會與遂吳人。汲鄭伯，汲猶引也。鄭伯髡原爲臣所弒，而不書弒，此引而致於善事。逃歸陳侯。鄭之會，陳侯不會，以其爲楚，故言逃歸。○爲，于僞反。致柤之會，存中國也。

楚子貞、鄭公孫輒帥師伐宋。

晉師伐秦。

秋，莒人伐我東鄙。

公會晉侯、宋公、衛侯、曹伯、莒子、邾子、齊世子光、滕子、薛伯、杞伯、小邾子伐鄭。齊世子光序滕薛之上，蓋驕蹇。

冬，盜殺鄭公子斐、公子發、公孫輒。

傳稱盜以殺大夫，弗以上下道，惡上也。兩下相殺，不志乎春秋。惡鄭伯不能修政刑，致盜殺大夫也。以上下道，當言鄭人殺其大夫。○斐，左氏作騑。惡，烏路反。

戍鄭虎牢。不稱其人，則魯戍也，猶戍陳。

傳其曰鄭虎牢，決鄭乎虎牢也。二年，鄭去楚而從中國，故城虎牢，不言鄭，使與中國無異。自爾已來，數反覆，無從善之意，故繫之於鄭，決絕而棄外。○數，所角反。

楚公子貞帥師救鄭。

公至自伐鄭。

十有一年，春，王正月，作三軍。

傳作，爲也。古者天子六師，諸侯一軍。作三軍，非正也。周禮司馬法曰：萬有二千五百人爲軍，王六軍，大國三軍，次國二軍，小國一軍，其將皆命卿。二千五百人爲師，然則此言天子六師，凡萬有五千人。大國三軍，則三萬七千五百人，諸侯制踰天子，非義也。總云諸侯一軍，又非制也。昭五年經曰：舍中軍。傳曰：貴復正也。然則魯有二軍，今云作三軍，增置中軍爾。魯爲次國，於此爲明。○將，子匠反。

夏，四月，四卜郊不從，乃不郊。

傳夏四月，不時也。四卜，非禮也。

鄭公孫舍之帥師侵宋

公會晉侯宋公衛侯曹伯齊世子光莒子邾子滕子薛伯杞伯小邾子伐鄭

秋七月己未同盟于京城北盟謀更共伐鄭京城北鄭地○左氏京作亳

公至自伐鄭

傳不以後致盟後復伐鄭也傳例曰已伐而盟復伐者則以伐致盟不復伐者則以會致此言不以後致謂會在伐後

楚子鄭伯伐宋

公會晉侯宋公衛侯曹伯齊世子光莒子邾子滕子薛伯杞伯小邾子伐鄭會于蕭魚蕭魚鄭地

公至自會

傳伐而後會不以伐鄭致得鄭伯之辭也鄭與會而服中國喜之故以會致○與音豫

楚人執鄭行人良霄

傳行人者挈國之辭也行人是傳國之辭命者

冬秦人伐晉

十有二年春王三月莒人伐我東鄙圍邰蓋攻守之害深故以危錄其月○邰本又作台他來反

傳伐國不言圍邑舉重也伐國重圍邑輕舉重可以包輕取邑不書圍安足書也不足書而今書蓋為下事起

季孫宿帥師救邰遂入鄆鄆莒邑○鄆音運

傳遂繼事也受命而救邰不受命而入鄆惡季孫宿也○惡烏路反

夏晉侯使士魴來聘

秋九月吳子乘卒

冬楚公子貞帥師侵宋

公如晉

十有三年春公至自晉

夏取邿○邿音詩

秋九月庚辰楚子審卒共王○共音恭

冬城防

十有四年春王正月季孫宿叔老會晉士匄齊人宋人衛人鄭公孫蠆曹人莒人邾人滕人薛人杞人小邾人會吳于向向鄭地○蠆音丑邁反

二月乙未朔，日有食之。

夏四月，叔孫豹會晉荀偃、齊人、宋人、衛北宮括、鄭公孫蠆、曹人、莒人、邾人、滕人、薛人、杞人、小邾人伐秦。

己未，衛侯出奔齊。

諸侯出奔閔月，衎結怨於民，自棄於位，君弑而歸，與知逆謀，故出入皆日，以著其惡。○與音豫

莒人侵我東鄙。

秋，楚公子貞帥師伐吴。

冬，季孫宿會晉士匄、宋華閲、衛孫林父、鄭公孫蠆、莒人、邾人于戚。

十有五年春，宋公使向戌來聘。

○戌音恤

二月己亥，及向戌盟于劉。

劉夏逆王后于齊。

劉，采地。夏，名。書名則非卿也。天子無外，所命則成，故不言逆女。

傳　過我，故志之也。○過音戈

夏，齊侯伐我北鄙，圍成。

公救成，至遇。

至遇而齊師已退也。遇，魯地。

季孫宿、叔孫豹帥師城成郛。

郛，郭。○郛音孚

秋八月丁巳，日有食之。

邾人伐我南鄙。

冬十有一月癸亥，晉侯周卒。

春秋穀梁傳卷十五

春秋穀梁傳卷十六

晉豫章太守順陽范　甯集解

明　後學　東吳葛　鼒較訂

襄公

十有六年，春，王正月，葬晉悼公。

三月，公會晉侯、宋公、衛侯、鄭伯、曹伯、莒子、邾子、薛伯、杞伯、小邾子于溴梁。溴梁，地。溴，古闃反。○

戊寅，大夫盟。

傳 溴梁之會，諸侯失正矣。諸侯會，而曰大夫盟，正在大夫也。諸侯在，而不曰諸侯之大夫，大夫不臣也。

晉人執莒子、邾子以歸。

齊侯伐我北鄙。

夏，公至自會。

五月甲子，地震。

叔老會鄭伯、晉荀偃、衛甯殖、宋人伐許。

秋，齊侯伐我北鄙，圍成。

大雩。

冬，叔孫豹如晉。

十有七年，春，王二月庚午，邾子瞯卒。

宋人伐陳。

夏，衛石買帥師伐曹。

秋，齊侯伐我北鄙，圍桃。齊高厚帥師伐我北鄙，圍防。

九月，大雩。

宋華臣出奔陳。

冬，邾人伐我南鄙。

十有八年，春，白狄來。不言朝，不能行朝禮。

夏，晉人執衛行人石買。

傳 稱行人，怨接於上也。怨其君而執其使，稱行人，明使人爾，罪在上也。

秋，齊侯伐我北鄙。

冬十月，公會晉侯、宋公、衛侯、鄭伯、曹伯、莒子、邾子、滕子、薛伯、杞伯、小邾子同圍齊。

傳 非圍而曰圍，據實伐。齊有大焉，亦有病焉。齊若無罪，諸侯豈得同病之乎？非大而足同焉，齊非大國，諸侯豈足同共圍之與？諸侯同罪之也，亦病矣。諸侯同罪大國，是不量力，必爲大國所讎，則亦病矣。

曹伯負芻卒于師。

傳 閔之也。

楚公子午帥師伐鄭。

十有九年春王正月諸侯盟于祝柯（前年同圍齊之諸侯也。祝柯，齊地。）

晉人執邾子公至自伐齊

【傳】春秋之義已伐而盟復伐者則以伐致（京城北之類是。）盟不復伐者則以會致（會於蕭魚之類是。○復，扶又反。下及注皆同。）祝柯之盟盟復伐齊與（怪不以會致。）曰非也（不復伐齊。）然則何爲以伐致也曰與人同事或執其君或取其地（與同邾圍齊，而晉執其君，魯取其地。此與盟後復伐無異。）

取邾田自漷水（以漷水爲界。○漷，火號反，又音郭。）

【傳】軋辭也（軋，委曲隨漷水，言取邾田之多。○軋，於八反。）其不日惡盟也（○惡，烏路反。）

季孫宿如晉

葬曹成公

夏衛孫林父帥師伐齊

秋七月辛卯齊侯瑗卒

晉士匄帥師侵齊至穀聞齊侯卒乃還

【傳】還者事未畢之辭也受命而誅生死無所加其怒不伐喪善之也善之則何爲未畢也君不尸小事臣不專大名善則稱君過則稱己則民作讓矣士匄外專君命故非之也然則爲士匄者宜奈何宜墠帷而歸命乎介（除地爲墠。於墠張帷，反命於介。介歸告君，君命乃還，不敢專也。○墠音善。）

八月丙辰仲孫蔑卒

齊殺其大夫高厚

鄭殺其大夫公子嘉

冬葬齊靈公

城西郛

叔孫豹會晉士匄于柯（柯地。）

城武城

二十年春王正月辛亥仲孫速會莒人盟于向（向，莒邑。）

夏六月庚申公會晉侯齊侯宋公衛侯鄭伯曹伯莒子邾子滕子薛伯杞伯小邾子盟于澶淵（澶淵，衛地。○澶，市然反。）

秋公至自會

仲孫速帥師伐邾

蔡殺其大夫公子濕蔡公子履出奔楚

陳侯之弟光出奔楚

傳諸侯之尊弟兄不得以屬通其弟云者親之也親而奔之惡也顯書弟明其親也親而奔逐之所以惡陳侯○光左氏作黄惡音烏路反

叔老如齊

冬十月丙辰朔日有食之

季孫宿如宋

二十有一年春王正月公如晉

邾庶其以漆閭丘來奔

傳以者不以者也凱曰人臣無專祿以邑叛之道來奔者不言出舉其接我者也漆閭丘不言及小大敵也

夏公至自晉

秋晉欒盈出奔楚

九月庚戌朔日有食之

冬十月庚辰朔日有食之

曹伯來朝

公會晉侯齊侯宋公衞侯鄭伯曹伯莒子邾子于商任商任某地○任音壬

傳庚子孔子生

二十有二年春王正月公至自會

夏四月

秋七月辛酉叔老卒

冬公會晉侯齊侯宋公衞侯鄭伯曹伯莒子邾子滕子薛伯杞伯小邾子于沙隨公至自會

楚殺其大夫公子追舒

二十有三年春王二月癸酉朔日有食之

三月己巳杞伯匄卒○匄古害反

夏邾畀我來奔○畀必二反

葬杞孝公

陳殺其大夫慶虎及慶寅

傳稱國以殺罪累上也及慶寅慶寅累也

陳侯之弟光自楚歸于陳光反稱弟言歸無罪明矣

晉欒盈復入于晉入于曲沃曲沃晉地○復扶又反

秋齊侯伐衞遂伐晉

八月叔孫豹帥師救晉次于雍渝雍渝晉地○雍於用反

傳言救後次，非救也。惡其不遂君命而專止次故抑先通君命而後言次尊君臣之義。鄭嗣曰：次，止也。凡先書救而後言次，皆非救也。僖元年齊師、宋師、曹師次于聶北救邢，此師本欲止聶北，遙爲之援爾，隨其本意而書，故先言次而後言救。豹本受君命救晉，中道不能，故先言救而后言次。若鄭伯未見諸侯而日如會，致其本意。○惡，烏路反

己卯，仲孫速卒。

冬十月乙亥，臧孫紇出奔邾。

傳其日，正臧孫紇之出也。正其有罪。蘧伯玉曰：不以道事其君者，其出乎。必不見容。○蘧，其居反

晉人殺欒盈。

傳惡之，弗有也。不言殺其大夫，是不有之以爲大夫。

齊侯襲莒。輕行掩其不備曰襲。

二十有四年春，叔孫豹如晉。

仲孫羯帥師侵齊。

夏，楚子伐吳。

秋七月甲子朔，日有食之，既。

齊崔杼帥師伐莒。

大水。

八月癸巳朔，日有食之。

公會晉侯、宋公、衛侯、鄭伯、曹伯、莒子、邾子、滕子、薛伯、杞伯、小邾子于夷儀。

冬，楚子、蔡侯、陳侯、許男伐鄭。

公至自會。

陳鍼宜咎出奔楚。

叔孫豹如京師。

大饑。

傳五穀不升爲大饑。升，成也。一穀不升謂之嗛，嗛，不足貌。○嗛，去簟反二穀不升謂之饑，三穀不升謂之饉，四穀不升謂之康，康，虛。五穀不升謂之大侵。侵，傷。大侵之禮，君食不兼味，臺榭不塗，塗，塗飾。○榭音謝。弛侯，廷道不除，弛，廢也。侯，射侯也。廢侯不燕射，廷內道路不脩除。百官布而不制，官取脩列不可闕廢，不更有造作。鬼神禱而不祀。周書曰：大荒有禱無祀。此大侵之禮也。

二十有五年春，齊崔杼帥師伐我北鄙。

夏五月乙亥，齊崔杼弒其君光。

傳莊公失言，淫于崔氏。故言將淫崔氏，爲此見弒也。邵曰：淫，過也。言莊公言語失漏，有過於崔子，而崔子弒之，故傳載其致弒之由，以明崔杼之罪甚。○爲，于僞反

公會晉侯、宋公、衛侯、鄭伯、曹伯、莒子、邾子、滕子、薛伯、杞伯、小邾子于夷儀。

六月壬子，鄭公孫舍之帥師入陳。

秋八月己巳，諸侯同盟于重丘。會夷儀之諸侯也。重邱，齊地。○重，直龍反。

公至自會。

衛侯入于夷儀。夷儀本邢地，衛滅邢而爲衛地。

楚屈建帥師滅舒鳩。

冬，鄭公孫夏帥師伐陳。

十有二月，吳子謁伐楚，門于巢，卒。

傳以伐楚之事門于巢卒也。所以攻巢之門者，爲其伐楚之事故也。然則伐楚經巢。謂左氏作遏。○于巢者，外乎楚也。若但言伐楚卒，而不言于巢者，則卒在楚也。言于巢，則不在楚。門于巢，乃伐楚也。先攻巢，然后楚乃可得伐。諸侯不生名，取卒之名加之伐楚之上者，見以伐楚卒也。其見以伐楚卒何也？據伐楚惡事，無緣致本意。古者大國過小邑，小邑必飾城而請罪，禮也。飾城者，脩守備；請罪，問所以爲闕，致御之意。吳子謁伐楚，至巢，入其門，門人射吳子，有矢創，反舍而卒。古者雖有文事，必有武備。非巢之不飾城而請罪，非吳子之自輕也。非責。○射，食亦反。創，初良反。

二十有六年春王二月辛卯，衛甯喜弒其君剽。

傳此不正其日何也？殖也立之，喜也君之，正也。父立以爲君，則宜君之，以明正也。○剽，匹妙反。

衛孫林父入于戚以叛。

甲午，衛侯衎復歸于衛。○衎，苦旦反。

傳日歸，見知弒也。書喜弒君，衎可言歸，衎實與弒，故錄日以見之。書日所以知其與弒者，言辛卯弒君，甲午便歸，是待弒而入，故得速也。○與音豫。

夏，晉侯使荀吳來聘。

公會晉人、鄭良霄、宋人、曹人于澶淵。

秋，宋公殺其世子痤。○痤，在禾反。

晉人執衛甯喜。

八月壬午，許男甯卒于楚。宣九年九月辛酉，晉侯黑臀卒于扈。傳曰：其日，未踰竟也。此乃在楚，何以日邪？隱三年八月庚辰，宋公和卒，傳曰：日卒，正也。許男卒于楚，則在外已顯，日卒明其正。○竟音境。

冬，楚子、蔡侯、陳侯伐鄭。

葬許靈公。

二十有七年春，齊侯使慶封來聘。

夏，叔孫豹會晉趙武、楚屈建、蔡公孫歸生、衛石惡、陳孔奐、鄭良霄、許人、曹人于宋。

衛殺其大夫甯喜。

傳稱國以殺，罪累上也。甯喜弒君，其以累上之辭言之何也。嘗爲大夫，與之涉公事矣。鄭嗣曰：若獻入以喜有弑君之罪而殺之，則不宜既入以爲大夫而得殺之，明以他故。甯喜由君弑君，而不以弑君之罪罪之者，惡獻公也。獻公卽衎也。鄭嗣曰：書甯喜弑其君，則喜之罪不嫌不明，今若不言喜之無罪而死，則獻公之惡不彰。○惡，烏路反。

衛侯之弟專出奔晉。○專，左氏作鱄。

傳　專，喜之徒也。專之爲喜之徒何也？己雖急納其兄，與人之臣謀弑其君，是亦弑君者也。專其曰弟何也？據稱弟則無罪。○己音紀。專有是信者。言君本使專與喜爲約，納君許以寵賂，今反殺之，獻公使專失信，故稱弟，見獻公之惡也。君賂不入乎喜而殺喜，是君不直乎喜也。故出奔晉，織絇邯鄲，終身不言衛。恥失信。○絇，其俱反。邯音寒。鄲音丹。專之去，合乎春秋。何休曰：甯喜本弑君之家，獻公過而殺之，小負也。專以君之小負自絕，非大義也，何以合乎春秋？鄭君釋之曰：甯喜雖弑君之家，本專與約納獻公爾，公由喜得入，已與喜以君臣從事矣。春秋撥亂，重盟約，今獻公背之而殺忠于己者，是獻公惡而難親也。獻公既惡而難親，專又與喜爲黨，懼禍將及，君子見幾而作，不俟終日。微子去紂，孔子以爲三仁，專之去衛，其心若此，合于春秋，不亦宜乎？○爲約，于僞反。

秋七月辛巳，豹及諸侯之大夫盟于宋。

傳　湨梁之會，諸侯在而不曰諸侯之大夫，大夫不臣也。晉趙武恥之。豹云者，恭也。不舉姓氏。諸侯不在而曰諸侯之大夫，大夫臣也。其臣恭也。晉趙武爲之會也。

冬十有二月乙亥朔，日有食之。

二十有八年春，無冰。

夏，衛石惡出奔晉。

邾子來朝。

秋八月，大雩。

仲孫羯如晉。

冬，齊慶封來奔。

十有一月，公如楚。

十有二月甲寅，天王崩。靈王。

乙未，楚子昭卒。

二十有九年春王正月，公在楚。

傳　閔公也。閔公爲楚所制，故存錄。

夏五月，公至自楚。

傳　喜之也。凱曰：遠之蠻國，喜得全歸。致君者，殆其往，殆，危。而喜其反，此致君之意義也。

庚午，衛侯衎卒。

閽弑吳子餘祭。○祭，側界反。

傳閽門者也。寺人也。不稱名姓。閽不得齊于人。不稱其君。閽不得君其君也。禮君不使無恥。不近刑人。（無恥，不知臧否。）不狎敵。不邇怨。賤人非所貴也。貴人非所刑也。刑人非所近也。舉至賤而加之吳子。吳子近刑人也。閽弒吳子餘祭。仇之也。（怨餘祭，故弒之。○仇音求。）

仲孫羯會晉荀盈、齊高止、宋華定、衛世叔儀、鄭公孫段、曹人、莒人、邾人、滕人、薛人、小邾人城杞。

傳古者天子封諸侯。其地足以容其民。其民足以滿城以自守也。杞危而不能自守。故諸侯之大夫相帥以城之。此變之正也。（諸侯微弱，政由大夫，大夫能同恤災危，故曰變之正。）

晉侯使士鞅來聘。

杞子來盟。（杞復稱子，蓋時王所黜。○復，扶又反。）

吳子使札來聘。（杜預曰吳子餘祭既遣札聘上國而後死札以大月到魯未聞喪也不稱公子其禮未同於上國）

傳吳其稱子何也。善使延陵季子。故進之也。身賢。賢也。使賢。亦賢也。延陵季子之賢。尊君也。（以季札之賢，吳子得進稱子，是尊君也。）其名。成尊於上也。（春秋賢者不名，而札名者，許夷狄不一而足。唯成吳之尊稱，直稱吳，則不得有大夫。）

秋。七月。葬衛獻公。

齊高止出奔北燕。

傳其曰北燕。從史文也。（南燕姞姓，在鄭衛之間，北燕姬姓，在晉之北，史曰北燕，據時然，故不改也。傳所言解時但有言燕者。○姞，其乙反，又其吉反。）

冬。仲孫羯如晉。

三十年。春。王正月。楚子使薳罷來聘。（聘例時，此聘月之，何也。泰曰：桓二年，宋督弒其君與夷，傳曰書王以正與夷之卒，然則魯有所明，皆須王以正之，書王必上繫於春，下統于月，此書王以治蔡般弒父之罪爾，非以錄薳罷之聘。○薳罷，于委反，下音皮。）

夏。四月。蔡世子般弒其君固。

傳其不日。子奪父政。是謂夷之。（比之夷狄，故不日也。丁未，楚世子商臣弒其父，傳曰：日髡之卒，所以謹商臣之弒也。楚公子比弒其君，傳曰：不日，比不弒。般弒不日而日夷之，何也。徐乾曰：凡中國君正卒皆書日以錄之，夷狄君卒皆不日以略之，所以別中國與夷狄。夷狄弒君而日者，閔其為惡之甚，謹而錄之。中國君卒例日，不以弒與夷弒也，至于卒而不日者，乃所以略之，與夷狄同例。）

五月。甲午。宋災。伯姬卒。

傳取卒之日加之災上者。見以災卒也。其見以災卒奈何。伯姬之舍失火。左右曰。夫人少辟火乎。伯姬曰。婦人之義。傅母不在。宵不下堂。（宵，夜。○辟音避，下同。）左右又曰。夫人少辟火乎。伯姬曰。婦人之義。保母不

在宥不下堂遂逮乎火而死婦人以貞爲行者也伯姬之婦道盡矣詳其事賢伯姬也

天王殺其弟佞夫

【傳】傳曰諸侯目不首惡況於天子乎君無忍親之義天子諸侯所親者唯長子母弟耳天王殺其弟佞夫甚之也○長丁丈反

王子瑕奔晉

不言出周無外

秋七月叔弓如宋葬共姬

共姬從夫之謚○共音恭

【傳】外夫人不書葬此其言葬何也吾女也卒災故隱而葬之也

鄭良霄出奔許自許入于鄭鄭人殺良霄

【傳】不言大夫惡之也○惡烏路反

冬十月葬蔡景公

【傳】不日卒而月葬不葬者也卒而葬之不忍使父失民於子也鄭嗣曰夫葬者臣子之事也景公無子不可謂無民無民則景公有失於民有民則罪歸於子若不書葬則嫌亦失民故曰不忍使父失民於子

晉人齊人宋人衛人鄭人曹人莒人邾人滕人薛人杞人小邾人會于澶淵宋災故

【傳】會不言其所爲其曰宋災故何也不言災故則無以見其善也其曰人何也救災以衆何救焉更宋之所喪財也償其所喪財故雖不及災時而猶曰救災○爲于僞反更音庚喪息浪反償時亮反澶淵之會中國不侵伐夷狄夷狄不入中國無侵伐八年善之也晉趙武楚屈建之力也

三十有一年春王正月

夏六月辛巳公薨于楚宮

【傳】楚宮非正也楚宮別宮名非路寢

秋九月癸巳子野卒

襄公太子

【傳】子卒日正也

己亥仲孫羯卒

冬十月滕子來會葬

書非禮

癸酉葬我君襄公

十有一月莒人弑其君密州

春秋穀梁傳卷十六

春秋穀梁傳卷十七

晉豫章太守順陽范　甯集解

明　後學　東吳金　蟠較訂

昭公

元年春王正月公卽位

傳繼正卽位正也

叔孫豹會晉趙武楚公子圍齊國弱宋向戌衛齊惡陳公子招蔡公孫歸生鄭罕虎許人曹人于郭

○郭左氏作虢

二月取鄆

鄆魯邑。言取者叛戾不服。○鄆音運

夏秦伯之弟鍼出奔晉

傳諸侯之尊弟兄不得以屬通其弟云者親之也親而奔之惡也○惡烏路反

六月丁巳邾子華卒

晉荀吳帥師敗狄于大原

大原地○大音泰

傳傳曰中國曰太原夷狄曰大鹵號從中國名從主人○鹵力古反

秋莒去疾自齊入于莒莒展出奔吳

○去起呂反

叔弓帥師疆鄆田

傳疆之爲言猶竟也爲之竟界。○竟音境

葬邾悼公

冬十有一月己酉楚子卷卒

○卷音權左氏作麇

楚公子比出奔晉

二年春晉侯使韓起來聘

夏叔弓如晉

秋鄭殺其大夫公孫黑

冬公如晉至河乃復

乃者亡乎人之辭。刺公弱劣受制彊臣。

傳恥如晉故著有疾也公凡四如晉，季氏訴公於晉侯，使不見公，公懼不利于己，故公托至河有疾而反，以殺恥也。十二年傳曰季氏不使遂乎晉，與此傳互文以見義。然則十三年、二十一年如晉，與此義同。二十三年經曰至河有疾乃復，是微有疾而反，嫌與上四如晉同，故明之。

季孫宿如晉

傳公如晉而不得入季孫宿如晉而得入惡季孫宿也明晉之不見公，季孫宿之所爲。○惡烏路反

三年春王正月丁未滕子原卒

夏叔弓如滕五月葬滕成公

秋小邾子來朝

八月大雩

冬大雨雹 ○雨于付反雹皮學反

北燕伯款出奔齊

傳其曰北燕從史文也

四年春王正月大雨雪 雪或爲雹

夏楚子蔡侯陳侯鄭伯許男徐子滕子頓子胡子沈子小邾子宋世子佐淮夷會于申 楚靈王始會諸侯也

楚人執徐子 稱人以執執有罪

秋七月楚子蔡侯陳侯許男頓子胡子沈子淮夷伐吳 衆國之君傾衆悉力以伐彊敵內外之害重故謹而月之定四年伐楚亦月此其例也

執齊慶封殺之

傳此入而殺其不言入何也慶封封乎吳鍾離 言時殺慶封自于鍾離實不入吳 其不言伐鍾離何也不與吳封也慶封其以齊氏何也 據已絕于齊 爲齊討也靈王使人以慶封令於軍中曰有若齊慶封弒其君者乎 謂與崔杼共弒莊公先○爲于僞反 慶封曰子一息我亦且一言曰有若楚公子圍弒其兄之子而代之爲君者乎軍人粲然皆笑 粲然盛笑貌○粲七旦反 慶封弒其君而不以弒君之罪罪之者慶封不爲靈王服也不與楚討也 傳例曰稱人以殺大夫爲殺有罪今殺慶封經不稱人故曰不以弒君之罪罪之○爲于僞反 春秋之義用貴治賤用賢治不肖不以亂治亂也孔子曰懷惡而討雖死不服其斯之謂與

遂滅厲

傳遂繼事也

九月取繒

冬十有二月乙卯叔孫豹卒

五年春王正月舍中軍

傳貴復正也 魯次國舊二軍襄十一年立三軍今毀之故曰復正○舍音捨

楚殺其大夫屈申

公如晉

夏莒牟夷以牟婁及防茲來奔

傳以者不以者也來奔者不言出 以其方向內也 及防茲以大及小也莒無大夫其曰牟夷何也以其地來

也以地來則何以書也重地也竊地之罪重故不得不錄其人

秋七月公至自晉

戊辰叔弓帥師敗莒師于賁泉賁泉魯地○賁扶粉反左氏作蚡泉

傳狄人謂賁泉失台號從中國名從主人○台湯來反

秦伯卒

冬楚子蔡侯陳侯許男頓子沈子徐人越人伐吳

六年春王正月杞伯益姑卒

葬秦景公

夏季孫宿如晉

葬杞文公

宋華合比出奔衛○比必里反又毗志反

秋九月大雩

冬薳罷帥師伐吳

冬叔弓如楚

齊侯伐北燕

七年春王正月暨齊平

傳平者成也暨猶暨暨也暨者不得已也以外及內曰暨

三月公如楚

叔孫婼如齊涖盟○婼丑略反

傳涖位也內之前定之辭謂之涖外之前定之辭謂之來

夏四月甲辰朔日有食之

秋八月戊辰衛侯惡卒

傳鄉曰衛齊惡在元年○鄉香亮反今曰衛侯惡此何爲君臣同名也君子不奪人名不奪人親之所名重其所以來也王父名子也不奪人名謂不奪人親之所名明臣雖欲改君不當聽也君不聽臣易名者欲使重父命也父受命名于王父王父卒則聽王父之命名之

九月公至自楚

冬十有一月癸未季孫宿卒

十有二月癸亥葬衛襄公

八年春陳侯之弟招殺陳世子偃師

傳鄉曰陳公子招在元年今曰陳侯之弟招何也曰盡其親所以惡招也盡其親謂既稱公子又稱弟招先君之公子今君之母弟○惡烏路反兩下相殺不志乎春秋此其志何也世子云者唯君之貳也云可以重之存焉志之也諸侯之尊兄弟不得以屬通其弟云者親之也親而殺

之惡也。（惡，烏路。）

夏四月辛丑，陳侯溺卒。

叔弓如晉。

楚人執陳行人干徵師殺之。（干，姓。徵師，名。）

傳：稱人以執大夫，執有罪也。稱行人，怨接於上也。

陳公子留出奔鄭。

秋，蒐于紅。（紅，魯地。）

傳：正也。（常事不書，而此書者，以後比年大蒐失禮，因此以見正。）因蒐狩以習用武事，禮之大者也。艾蘭以為防，（蘭，香草也。防，為田之大限。）置旃以為轅門，（旃，旌旗之名。周禮通帛為旃。轅門，卬車以其轅表門。○卬，五郎反，本又作昂。）以葛覆質以為槷，（質，椹也。槷，門中臬。葛或為褐。○槷，魚列反。椹，張林反。臬，魚列反。）流旁握，御轚者不得入。（流旁握，謂車兩轊頭各去門邊空握。握，四寸也。轚，挂則不得入門。○轚，古帝反，本或作轚。轊音衛。挂，戶卦反。）車軌塵，（塵不出轍。）馬候蹄，（發足相應，遲疾相投。）揜禽旅，（揜取眾禽。）御者不失其馳，然後射者能中。（不失馳騁之節。○中，丁仲反。）過防弗逐，不從奔之道也。（戰不逐奔之義。）面傷不獻，（嫌誅降。）不成禽不獻。（惡虐幼小。○惡，烏路反。）禽雖多，天子取三十焉，其餘與士眾，以習射于射宮。（取二十以共乾豆賓客之庖。射宮，擇宮。○共音恭。）射而中，田不得禽，則得禽；田得禽而射不中，則不得禽。是以知古之貴仁義而賤勇力也。（射以不爭為仁，揖讓為義。）

陳人殺其大夫公子過。（○過音戈。）

大雩。

冬十月壬午，楚師滅陳，執陳公子招，放之于越，殺陳孔奐。

傳：惡楚子也。（惡其滅人之國，放有罪之人，反殺無辜之臣，故實是楚子而言師。）

葬陳哀公。

傳：不與楚滅，閔公也。（滅國不葬，閔楚夷狄以無道滅之，故書葬以存陳。）

九年春，叔弓會楚子于陳。

許遷于夷。（以自遷為文，而地者，許復見也。夷，許地。徐邈曰：許十八年又遷于白羽，許比遷徙，所都無常居處，薄淺如一邑之移，故略而不月，不得從國遷常例。）

夏四月，陳火。（○火，左氏作災。）

傳：國曰災，邑曰火。火不志，此何以志？閔陳而存之也。（陳已滅矣，猶書火者，不與楚滅也。不可以方全國，故不云災。何休曰：月者，閔之。）

秋，仲孫貜如齊。（○貜，俱縛反。）

冬，築郎囿。

十年春王正月。

夏，齊欒施來奔。

秋七月，季孫意如、叔弓、仲孫貜帥師伐莒。

戊子，晉侯彪卒。

九月，叔孫婼如晉。

葬晉平公。月者，爲下葬晉平公起。

十有二月甲子，宋公成卒。不書冬，甯所未詳。

十有一年春王二月，叔弓如宋，葬宋平公。晉獻公以殺世子申生故不書葬，宋平公殺世子痤而書葬，何乎？何休曰：痤有罪故也。痤之罪，甯所未聞。鄭莊公殺弟而書葬，以段不弟也。何氏將以理推之，然則段不弟，故不書弟；痤若不子，亦不應書世子。書世子，則痤之罪非不子明矣。○痤，在禾反。

夏四月丁巳，楚子虔誘蔡侯般，殺之于申。

傳何爲名之也？據諸侯不生名。夷狄之君誘中國之君而殺之，故謹而名之也。稱時、稱月、稱日、稱地，謹之也。蔡侯般弒父之賊，此人倫之所不容，王誅之所必加，禮凡在官者殺無赦，豈得惡楚子殺般乎？若謂夷狄之君不得行禮於中國者，理既不通，事又不然。宣十一年楚人殺陳夏徵舒，不言入，傳曰：明楚之討有罪也。似若上下違反，不兩立之說。嘗試論之曰：夫罰不及嗣，先王之令典，懷惡而討，丈夫之醜行。楚虔滅人之國，殺人之子，伐不以罪，亦已明矣。莊王之討徵舒，則異於是矣。凡罰當其理，雖夷必申；苟違斯道，雖華必抑。故莊王得爲伯討，齊侯不得滅紀，趙盾救陳則稱師以大之，靈王誘蔡則書名以惡之，所以情理俱揚，善惡兩顯，豈直惡夷狄之君討中國之亂哉？夫楚靈王之殺蔡般，亦猶晉惠之戮里克，雖伐弒逆之國，誅有罪之人，不獲討賊之美，而有累謹之名者，良有以也。○醜，下孟反。罰當，丁浪反。

楚公子棄疾帥師圍蔡。

五月甲申，夫人歸氏薨。昭公母，胡女，歸姓。

大蒐于比蒲。夏而言蒐，蓋用秋蒐之禮。八年秋蒐于紅，傳曰：正也。比月大蒐，人衆器械，有踰常禮，時有小君之喪，不譏喪蒐者，重守國之衛，安不忘危。○比，音毗。

仲孫貜會邾子，盟于祲祥。祲祥，地也。○祲，子鴆反。

秋，季孫意如會晉韓起、齊國弱、宋華亥、衛北宮佗、鄭罕虎、曹人、杞人于厥慭。厥慭，地名。○佗，大河反。慭，魚靳反，又五轄反。

九月己亥，葬我小君齊歸。齊，謚。

冬十有一月丁酉，楚師滅蔡，執蔡世子友以歸，用之。僖十九年邾人執繒子用之，傳曰：用之者，叩其鼻以衈血。惡之，故謹而日之。○衈，音二。惡，烏路反，下

同注

傳此子也 諸侯在喪稱子 其曰世子何也不與楚殺也一事注乎志所以惡楚子也 一事輒注而志之也何休曰即不與楚殺當貶楚爾何故反貶蔡稱世子邪鄭君釋之曰滅蔡者楚子也而稱師固已貶矣是子思啓封疆而貪蔡誘殺蔡侯般冬而滅蔡殺友惡其淫放其志殺蔡國二君以取其國故變子言世子使若不得其君終

十有二年春齊高偃帥師納北燕伯于陽 三年所奔齊者高傒玄孫齊大夫也陽燕別邑不言于燕未得國都也

傳納者內不受也燕伯之不名何也 據義不可受則應名而絕之 不以高偃挈燕伯也 邵曰公子遂以去公子爲挈燕伯以書名爲挈者臣宜書名故須去公子乃爲挈君不可名而以臣名君者不待去燕伯則爲挈也是以目燕伯而不書名所以不與高偃挈之○去起呂反

三月壬申鄭伯嘉卒

夏宋公使華定來聘

公如晉至河乃復

傳季孫氏不使遂乎晉也

五月葬鄭簡公

楚殺其大夫成虎

秋七月

冬十月公子慭出奔齊 ○慭魚靳反

楚子伐徐

晉伐鮮虞

傳其曰晉狄之也其狄之何也不正其與夷狄交伐中國故狄稱之也 鮮虞姬姓白狄也地居中山故曰中國夷狄謂楚也何休曰春秋多與夷狄並伐何以不狄也鄭君釋之曰晉不見因會以綏諸夏而伐同姓貶之可也狄之大重晉爲厥慭之會實謀救蔡以八國之師而不救楚終滅蔡今又伐徐晉不救糾合諸侯以遂前志舍而伐鮮虞是楚而不如也故狄稱之焉厥慭之會穀梁無傳鄭君之說似依左氏甯所未詳是穀梁意非○舍音捨

十有三年春叔弓帥師圍費 ○費音秘

夏四月楚公子比自晉歸于楚弒其君虔于乾溪 乾溪楚地

傳自晉晉有奉焉爾歸而弒不言歸言歸非弒也 傳例曰歸爲善自某歸次之然則弒君不得言歸比不弒之一驗也 歸一事也弒一事也而遂言之以比之歸弒比不弒也 歸弒其事各異自宜別書之而今連言之是比之遇君弒爾比不弒之二驗也 弒君者日不日比不弒也 據文元年丁未楚世子商臣弒其君髡日此不日比不弒之三驗也

楚公子棄疾殺公子比

傳當上之辭也當上之辭者謂不稱人以殺乃以

君殺之也（稱人以殺謂若衛人殺祝吁于濮是也今比實不弒故以君殺大夫之辭言之）討賊以當上之辭殺非弒也（實有弒君之罪則人人皆欲殺宜稱人以殺之今言楚公子棄疾殺公子比明棄疾所殺非弒君之人比之不弒四驗也）比之不弒有四（上四事）取國者稱國以弒（若比欲取國而殺君者當直云楚比弒其君虔不應言公子也若衛祝吁弒其君完齊無知弒其君諸兒之類是也）楚公子棄疾殺公子比比不嫌也（今棄疾殺之又言殺公子比不言弒其君是比無欲為君之嫌）春秋不以嫌代嫌（不以亂治亂之義）棄疾主其事故嫌也（比實無弒君之罪而主殺之者是棄疾欲為君之嫌）

秋公會劉子晉侯齊侯宋公衛侯鄭伯曹伯莒子邾子滕子薛伯杞伯小邾子于平丘

（平丘地也）

八月甲戌同盟于平丘公不與盟

（公以再如晉不得入故不肯與盟○與音豫）

傳同者有同也同外楚也公不與盟者可以與而不與譏在公也其日善是盟也（公不與盟當從外盟不日今日之善其會盟因楚有難而反陳蔡之君○難乃旦反）

晉人執季孫意如以歸

（以公不與盟故）

公至自會

蔡侯廬歸于蔡陳侯吳歸于陳

（八年楚滅陳十一年楚滅蔡諸侯會而復之故言歸）

傳善其成之會而歸之故謹而日之（二國獲復此盟之功也故於其歸追述前盟謹日之意以美諸侯存亡繼絕非謹陳蔡歸國之日也於盟則發謹日之美于歸則論致美之義）此未嘗有國也使如失國辭然者不與楚滅也

冬十月葬蔡靈公

傳變之不葬有三（變之謂改常禮春秋之常小國夷狄不葬）失德不葬（無君道）弒君不葬（謂不討賊如無臣子）滅國不葬（無臣子也）然且葬之不與楚滅且成諸侯之事也（蔡靈公弒逆無道以至身死國滅不宜書葬書葬者不宜令夷狄加乎中國且成諸侯興滅繼絕之善故葬之）

公如晉至河乃復

吳滅州來

春秋穀梁傳卷十七

春秋穀梁傳卷十八

晉豫章太守順陽范　甯集解

明　後學　東吳葛　鼒較訂

昭公

十有四年春意如至自晉

傳 大夫執則致致則名意如惡然而致見君臣之禮也（大夫有罪則宜廢之既不能廢不得不盡爲君臣之恩故曰見君臣之禮）

三月曹伯滕卒

夏四月

秋葬曹武公

八月莒子去疾卒（○去起呂反）

冬莒殺其公子意恢

傳 言公子而不言大夫莒無大夫也莒無大夫而曰公子意恢意恢賢也曹莒皆無大夫其所以無大夫者其義異也（曹叔振鐸文王之子武王封之于曹在甸服之內後削小爾莒己姓東夷本微國）

十有五年春王正月吳子夷末卒（○末亡葛反）

二月癸酉有事于武宮籥入叔弓卒去樂卒事

傳 君在祭樂之中聞大夫之喪則去卒樂事禮也（祭樂者君在廟中祭作樂）君在祭樂之中大夫有變以聞可乎（變謂死喪）大夫國體也（君之卿佐是謂股肱故曰國體）古之人重死君命無所不通（死者不可復生重莫大焉是以君雖在祭樂之中大夫死以聞可也）

夏蔡朝吳出奔鄭（朝吳蔡大夫）

六月丁巳朔日有食之

秋晉荀吳帥師伐鮮虞

冬公如晉

十有六年春齊侯伐徐

楚子誘戎蠻子殺之（楚子不名戎蠻子非中國故）

夏公至自晉

秋八月己亥晉侯夷卒

九月大雩

季孫意如如晉

冬十月葬晉昭公

十有七年春小邾子來朝

夏六月甲戌朔日有食之

秋郯子來朝

八月，晉荀吳帥師滅陸渾戎。滅夷狄時，潞子嬰兒賢，則日。此月者，蓋亦有殊于常戎。

冬，有星孛于大辰。

【傳】一有一亡曰有。于大辰者，濫于大辰也。劉向曰：大辰者，大火也。不曰孛于大火而曰大辰者，謂濫于蒼龍之體，不獨加大火。○孛，于本反，作茀，音佩。

楚人及吳戰于長岸。長岸，楚地。

【傳】兩夷狄曰敗，夷狄不能結日成陳，故曰敗。於越敗吳于檇李是也。中國與夷狄亦曰敗，晉荀吳敗狄于大鹵是也。楚人及吳戰于長岸，進楚子，故曰戰。

十有八年，春，王三月，曹伯須卒。

夏，五月，壬午，宋、衛、陳、鄭災。

【傳】其志，以同日也。其日，亦以同日也。或曰人有謂鄭子產曰：某日有災。子產曰：天者神，子惡知之？是人也，同日爲四國災也。○惡音烏。

六月，邾人入鄅。○鄅音禹，又音矩。

秋，葬曹平公。

冬，許遷于白羽。白羽，許地。

十有九年，春，宋公伐邾。

夏，五月，戊辰，許世子止弒其君買。

【傳】曰弒，正卒也。蔡世子般實弒父，故以比之夷狄，而不書日。止弒而日，知其弒止不弒，則買正卒也。正卒，則止不弒也。不弒而曰弒，責止也。責止不嘗藥。止曰：我與夫弒者，不立乎其位，以與其弟虺。止自責曰：我與弒君之人同罪，於是致君位於弟。哭泣歠飦粥，嗌不容粒，未踰年而死，故君子即止自責而責之也。就其有自責心，故以備禮責之。

己卯，地震。

秋，齊高發帥師伐莒。

冬，葬許悼公。

【傳】日卒時葬，不使止爲弒父也。曰：子既生，不免乎水火，母之罪也。羈貫成童，不就師傅，父之罪也。羈貫，謂交午翦髮以爲飾。成童，八歲以上。就師學問無方，心志不通，身之罪也。心志既通，而名譽不聞，友之罪也。名譽既聞，有司不舉，有司之罪也。有司舉之，王者不用，王者之過也。不敢罪上，故言過。許世子不知嘗藥，累及許君也。許君不授子以師傅，使不識嘗藥之義，故累及之。

二十年，春，王正月。

夏，曹公孫會自夢出奔宋。

○夢，無工反，或作蔑，左氏作鄸。

傳自夢者專乎夢也。能專制夢。曹無大夫，其曰公孫何也？言其以貴取之，而不以叛也。會以公孫之貴而得夢，既而不以之叛。明曹君無道，致令其奔，非會之罪，故書公孫以善之。

秋，盜殺衛侯之兄輒。

傳盜，賤也。其曰兄，母兄也。目衛侯，衛侯累也。覬曰：諸侯之尊，弟兄不得以屬通。經不書衛公子而目衛侯之兄者，惡其不能保護其兄，乃爲盜所殺，故稱至賤殺至貴。○惡其，烏路反。然則何爲不爲君也？嫡兄宜爲君。曰：有天疾者，不得入乎宗廟。輒者何也？曰：兩足不能相過，齊謂之綦，楚謂之踂，衛謂之輒。○踂，女輒反。

冬，十月，宋華亥、向寧、華定出奔陳。徐邈曰：月者，蓋三卿同出，爲禍害重也。君以臣爲體，民以君爲命，凡爲憂者大，害民處甚，春秋皆變常文而示所譏，非徒足以見時事之實，亦知安危監戒云耳。

十有一月，辛卯，蔡侯廬卒。

二十有一年，春，王三月，葬蔡平公。

夏，晉侯使士鞅來聘。

宋華亥、向寧、華定自陳入于宋南里以叛。

傳自陳，陳有奉焉爾。入者，內弗受也。其曰宋南里，宋之南鄙也。以者，不以者也。叛，直叛也。言不作亂。

秋，七月，壬午，朔，日有食之。

八月，乙亥，叔輒卒。叔弓之子。

冬，蔡侯東出奔楚。○蔡侯東，左氏及公羊作蔡侯朱。

傳東者，東國也。何爲謂之東也？王父誘而殺焉，楚子虔誘蔡侯般殺之于申。父執而用焉，執蔡世子友以歸，用之是也。奔而又奔之。曰東，惡之而貶之也。奔既罪矣，又奔讎國，惡莫大焉。○惡之，烏路反。

公如晉，至河乃復。

二十有二年，春，齊侯伐莒。

宋華亥、向寧、華定自宋南里出奔楚。

傳自宋南里者，專也。專制南里。

大蒐于昌閒。○閒，如字，一音閑。

傳秋而曰蒐，此春也，其曰蒐何也？以蒐事也。

夏，四月，乙丑，天王崩。

六月，叔鞅如京師。葬景王。叔鞅，叔弓子。天子志崩不志葬，志葬，危不得以禮葬也。月者，亦爲葬景王起。

王室亂。

傳亂之爲言，事未有所成也。尹氏立子朝，劉氏、單氏立王猛，俱未定也。

劉子、單子以王猛居于皇。

皇，地。○單音善。

【傳】以者，不以者也。王猛，嫌也。直言王猛，不言王子，是有當國之嫌。

秋，劉子、單子以王猛入于王城。

【傳】以者，不以者也。入者，內弗受也。猛非正也。

冬，十月，王子猛卒。

【傳】此不卒者也。未成君也。其曰卒，失嫌也。猛本有當國之嫌，其卒則失嫌，故錄之。

十有二月，癸酉，朔，日有食之。

二十有三年，春，王正月，叔孫婼如晉。

癸丑，叔鞅卒。

晉人執我行人叔孫婼。

晉人圍郊。郊，周邑也。

夏，六月，蔡侯東國卒于楚。不日，在外也。以篡出奔，又奔讎國，故不葬。

秋，七月，莒子庚輿來奔。

戊辰，吳敗頓、胡、沈、蔡、陳、許之師于雞甫，雞甫，楚地。○左氏作雞父。

胡子髡、沈子盈滅。國雖存，君死曰滅。

獲陳夏齧。

【傳】中國不言敗，此其言敗何也？據宣十二年晉荀林父及楚子戰于邲，晉師敗績，不言楚敗晉師。中國不敗，胡子髡、沈子盈其滅乎？其言敗，釋其滅也。若師不敗，則君無由滅也。賢胡沈之君死社稷。獲陳夏齧，獲者，非與之辭也。賢夏齧雖獲，不病，以其得衆也。義與華元同。○齧，五結反。上下之稱也。君死曰滅，臣得曰獲，君臣之稱。

天王居于狄泉。敬王辟子朝，狄泉，周地。○辟音避。

【傳】始王也。其曰天王，因其居而王之也。天子踰年即位稱王。敬王踰年而出，故曰始王。雖不在國，行即位之禮。王者以天下為家，故居于狄泉稱王。

尹氏立王子朝。隱四年衛人立晉，傳曰稱人以立之，得衆也。此言尹氏立朝，唯尹氏欲立之。

【傳】立者，不宜立者也。朝之不名何也？據晉之名惡，今朝亦惡。怪不直名而言王子。○惡，烏路反。別嫌乎尹氏之朝也。若但言尹氏立朝，則嫌朝是尹氏之子，故言王子以別之。

八月，乙未，地震。

冬，公如晉，至河，公有疾，乃復。

【傳】疾不志，此其志何也？釋不得入乎晉也。

二十有四年，春，王二月，丙戌，仲孫貜卒。

婼至自晉。

傳大夫執則致，致則挈，由上致之也。上謂宗廟也致臣于廟則

直名而巳所謂君前臣名。

夏，五月，乙未，朔，日有食之。

秋，八月，大雩。

丁酉，杞伯郁釐卒。

冬，吳滅巢。

葬杞平公。

二十有五年，春，叔孫婼如宋。

夏，叔倪會晉趙鞅、宋樂大心、衛北宮喜、鄭游吉、曹人、邾人、滕人、薛人、小邾人于黃父。

有鸜鵒來巢。

○鸜其俱反本又作鸛音權左氏公羊作鸛鵒音欲

傳一有一亡曰有。來者，來中國也。鸜鵒不渡濟非中國之禽故曰來。○濟子禮反鸜鵒穴者，而曰巢。劉向曰去穴而巢此陰居陽位臣逐君之象也或曰增之也。如增言巢爾其實不巢也雍曰凡春秋記災異未有妄加之文或說非也

秋，七月，上辛，大雩。季辛，又雩。

傳季者，有中之辭也。不言中辛中辛無事又，有繼之辭也。緣有

上辛大雩故言又也

九月，乙亥，公孫于齊，次于陽州。

○孫音遜本亦作遜下同

傳孫之爲言猶孫也，諱奔也。次，止也。陽州齊竟上之地未敢直前故止竟也○竟音境

齊侯唁公于野井。

野井齊地齊侯來唁公公逆之至野井○唁音彥

傳弔失國曰唁。唁公不得入於魯也。

冬，十月，戊辰，叔孫婼卒。

十有一月，己亥，宋公佐卒于曲棘。

曲棘宋地

傳邡，公也。邡當爲訪訪謀也言宋公所以卒于曲棘者欲謀納公○邡音方又音訪

十有二月，齊侯取鄆。

取鄆以居公

傳取，易辭也。內不言取，以其爲公取之，故易言之也。○易以豉反爲于僞反

二十有六年，春，王正月，葬宋元公。

三月，公至自齊，居于鄆。

傳公次于陽州，其曰至自齊，何也？據公但至陽州未至齊以齊侯之見公，可以言至自齊也。齊侯唁公于野井以親見齊侯爲重故可言至自齊居于鄆者，公在外也。若但言公至自齊而不唁居于鄆則公得歸國欲明公實在外故言居于鄆至自齊，道義不外公也。至自齊者臣子喜君父得及致宗廟之辭爾今君雖在外猶以在國之禮錄之是崇君之道

夏公圍成成孟氏邑

傳非國不言圍所以言圍者以大公也崇大其事

秋公會齊侯莒子邾子杞伯盟于鄟陵鄟陵某地○鄟音專

公至自會居于鄆

傳公在外也至自會道義不外公也

九月庚申楚子居卒

冬十月天王入于成周

傳周有入無出也始即位非其所今得還復據宗廟是內故可言入若即位在廟則王者無外不言出

尹氏召伯毛伯以王子朝奔楚

傳遠矣非也雖曰奔襄君之賊其貴遠矣奔直奔也

二十有七年春公如齊自鄆行

公至自齊居于鄆

傳公在外也

夏四月吳弑其君僚

楚殺其大夫郤宛

秋晉士鞅宋樂祁犂衛北宮喜曹人邾人滕人會于扈

冬十月曹伯午卒

邾快來奔徐邈曰自此已前邾畀我庶其並來奔今邾快又至三叛之人但以魯爲主邾魯鄰國而聚其逋逃爲過之甚故悉書之以示譏也小國無大夫故但舉名而略其氏○畀必二反本或作鼻逋布吳反

公如齊公至自齊居于鄆

二十有八年春王三月葬曹悼公

公如晉次于乾侯不得入于晉乾侯晉地

傳公在外也

夏四月丙戌鄭伯寧卒

六月葬鄭定公

秋七月癸巳滕子寧卒

冬葬滕悼公

二十有九年春公至自乾侯居于鄆以乾侯致不得見晉侯故

齊侯使高張來唁公

傳唁公不得入於魯也

公如晉次于乾侯

夏四月庚子叔倪卒

傳季孫意如曰叔倪無病而死此皆無公也是天命也非我罪也言叔倪欲納公無病而死此皆天命使魯無君爾魯公之出非我罪

秋七月

冬十月鄆潰

傳潰之為言上下不相得也上下不相得則惡矣亦譏公也公既出奔不能改德修行居鄆小邑復使潰亂德之不建如此之甚昭公出奔民如釋重負傳明昭公有過非但季氏之罪

三十年春王正月公在乾侯

傳中國不存公存公故也中國猶國中也

夏六月庚辰晉侯去疾卒○去起呂反

秋八月葬晉頃公

冬十有二月吳滅徐滅夷狄時月者為下奔起○為于偽反

徐子章羽奔楚奔而名者有罪惡也○惡烏路反

三十有一年春王正月公在乾侯

季孫意如會晉荀櫟于適歷適歷晉地○櫟音歷舊作轢適丁歷反

夏四月丁巳薛伯穀卒

晉侯使荀櫟唁公于乾侯

傳唁公不得入於魯也曰既為君言之矣不可者意如也言己告魯求納君唯意如不肯○為于偽反

秋葬薛獻公

冬黑肱以濫來奔

傳其不言邾黑肱何也據襄二十一年邾庶其以漆閭丘來奔言邾別乎邾也邾以濫邑封黑肱故別之若國○別彼列反其不言濫子何也據既別之為國則應書其爵非天子所封也來奔內不言叛也

十有二月辛亥朔日有食之

三十有二年春王正月公在乾侯取闞

夏吳伐越

秋七月

冬仲孫何忌會晉韓不信齊高張宋仲幾衛太叔申鄭國參曹人莒人邾人薛人杞人小邾人城成周

傳天子微諸侯不享覲享獻也覲見也言天子微弱四方諸侯不復貢獻又無朝覲之禮天子之在者惟祭與號祭謂郊上帝號謂稱王故諸侯之大夫相帥以城之此變之正也

十有二月己未公薨于乾侯

春秋穀梁傳卷十八

春秋穀梁傳卷十九

晉豫章太守順陽范　甯集解

明　後學　東吳金　蟠較訂

定公

元年春王

傳不言正月定無正也定之無正何也昭公之終非正終也（死在外故）定之始非正始也昭無正終故定無正始不言即位喪在外也

三月晉人執宋仲幾于京師（晉執人於尊者之側而不以歸京師故但言其執不書所歸徐邈曰案傳定元年不書正月言定無正也然則改元即位在于此年故不可以不書王書王必有月以承之故因其執月以表年首爾不以謹仲幾也）

傳此其大夫其曰人何也微之也何為微之不正其執人於尊者之所也不與大夫之伯討也

夏六月癸亥公之喪至自乾侯

戊辰公即位

傳殯然後即位也（周人殯于西階之上）定無正見無以正也踰年不言即位是有故公也（謂昭公在外故）言即位是無故公也即位授受之道也（先君見授後君乃受故須棺在殯乃言即位）先君無正終則後君無正始也先君有正終則後君有正始也戊辰公即位謹之也定之即位不可不察也公即位何以日也（據未有日者）戊辰之日然後即位也癸亥公之喪至自乾侯何為戊辰之日然後即位也（癸亥去戊辰六日怪不即位）正君乎國然後即位也（諸侯五日而殯今以君始死之禮治之故須殯而後言即位）沈子曰正棺乎兩楹之間然後即位也（兩楹之間南面之君聽治之處）內之大事日即位君之大事也其不日何也以年決者不以日決也此則其日何也著之也（所欲有見）何著焉踰年即位厲也（厲危也公喪在外踰年六月乃得即位危故日之）於厲之中又有義焉（先君未殯則後君不得即位）未殯雖有天子之命猶不敢況臨諸臣乎（以輕喻重也雖為天子所召不敢背殯而往況君喪未殯而行即位之禮以臨諸臣乎）周人有喪魯人有喪周人弔魯人不弔周人曰固吾臣也使人可也魯人曰吾君也親之者也使大夫則不可也故周人弔魯人不弔以其下成康為未久也（周道尚明無愧于不往）君至尊也去父之殯而往弔猶不敢況未殯而臨諸臣乎

秋七月癸巳葬我君昭公

九月大雩

傳雩月雩之正也秋大雩非正也冬大雩非正也秋大雩雩之為非正何也（冬禾稼既成猶雩則非禮可知秋禾稼始苗嫌

當須雨故問也毛澤未盡人力未竭未可以雩也邵曰凡地之所生謂之毛公羊傳曰錫之不毛之地是也言秋百穀之潤澤未盡也人力未盡謂耕耘之功未畢○百耘本又作芸

雩月雩之正也月之爲雩之正何也其時窮人力盡然後雩雩之正也何謂其時窮人力盡是月不雨則無及矣是年不艾則無食矣是謂其時窮人力盡也雩之必待其時窮人力盡何也雩者爲旱求者也求者請也古之人重請何重乎請人之所以爲人者讓也請道去讓也則是舍其所以爲人也是以重之焉請哉請乎應上公古之神人有應上公者通乎陰陽君親帥諸大夫道之而以請焉道之爲君必爲先也其禱辭曰方今大旱野無生稼寡人當死百姓何謗不敢煩民請命願撫萬民以身塞無狀禱亦請也此即請辭也○艾魚廢反去讓羌呂反是舍音捨焉請於虔反道之音導夫請者非可詒託而往也必親之者也是以重之詒託猶假寄○詒以之反

立煬宮煬宮伯禽子廟毀已久○煬餘亮反

傳立者不宜立者也

冬十月隕霜殺菽建酉之月隕霜殺菽非常之災

傳未可以殺而殺舉重舉殺豆則殺草可知可殺而不殺舉輕不殺草則不殺菽亦顯僖三十三年隕霜不殺草是也其曰菽舉重也

二年春王正月

夏五月壬辰雉門及兩觀災雉門公宮之南門兩觀闕也○觀工喚反下同

傳其不曰雉門災及兩觀何也據先書雉門則應言雉門災及兩觀鄭嗣曰據災實從雉門起應言雉門災及兩觀災自兩觀始也不以尊者親災也始災者兩觀也鄭嗣曰今以災在兩觀下使若兩觀始災者不以雉門親災先言雉門尊尊也欲言兩觀災及雉門則卑不可以及尊災不從雉門起故不得言雉門災及兩觀兩觀始災故災在兩觀下也鄭嗣曰欲以兩觀親災則輕宜言兩觀災及雉門雉門尊兩觀卑卑不可以及尊故不得不先言雉門而後言兩觀欲令兩觀始災故災在兩觀下矣○令力呈反

秋楚人伐吳

冬十月新作雉門及兩觀

傳言新有舊也作爲也有加其度也此不正其以尊者親之何也不正謂更廣大之不合法度也雖據當諱而以雉門親新作之下不正也於美猶可也改舊雖不合正修飾美好之事差可以雉門親之○差初賣反

三年春王正月公如晉至河乃復

三月辛卯邾子穿卒

夏四月
秋葬邾莊公
冬仲孫何忌及邾子盟于拔（拔，地名。○拔，皮八反。）
四年春王二月癸巳陳侯吳卒
三月公會劉子晉侯宋公蔡侯衞侯陳子鄭伯許男曹伯莒子邾子頓子胡子滕子薛伯杞伯小邾子齊國夏于召陵侵楚
夏四月庚辰蔡公孫姓帥師滅沈以沈子嘉歸殺之（○姓，音生，又如字。）
五月公及諸侯盟于皋鼬（召陵會劉子諸侯，總言之也。皋鼬，地名。○鼬，由又反。）
傳 後而再會公志於後會也後志疑也（公畏彊楚，疑於侵之。故復者，更謀也。不日者，後楚伐蔡，不能救故。○復，扶又反。）
杞伯成卒于會
六月葬陳惠公
許遷于容城
秋七月公至自會
劉卷卒（劉采地。○卷音權。）

傳 此不卒而卒者賢之也寰內諸侯也非列土諸侯此何以卒也（天子畿內大夫，有采地謂之寰內諸侯，非列土諸侯，雖賢猶不當卒。）天王崩爲諸侯主也（昭二十二年，景王崩，嘗以賓主之禮相接，能爲諸侯主，所以爲賢。）
葬杞悼公
楚人圍蔡
晉士鞅衞孔圄帥師伐鮮虞
葬劉文公
冬十有一月庚午蔡侯以吳子及楚人戰于伯舉楚師敗績
傳 吳其稱子何也以蔡侯之以之舉其貴者也（貴謂子也。）蔡侯之以之則其舉貴者何也吳信中國而攘夷狄吳進矣其信中國而攘夷狄奈何子胥父誅于楚也（子胥父伍奢也，爲楚平王所殺。○胥，信音申。）挾弓持矢而干闔廬（見不以禮曰干。欲因闔廬復父之讎。）闔廬曰大之甚勇之甚（子胥匹夫，乃欲復讎於國君，其孝甚大，其心甚勇。）爲是欲興師而伐楚子胥諫曰臣聞之君不爲匹夫興師且事君猶事父也虧君之義復父之讎臣弗爲也於是止蔡昭公朝於楚有美裘正是日囊瓦求之（正是日，謂昭公始朝楚之日。）昭公不與爲是拘昭公於南郢（南郢，楚郢。○郢，以井反，又以正反。）數年然

後得歸歸乃用事乎漢用事者禱漢水神曰苟諸侯有欲
伐楚者寡人請爲前列焉楚人聞之而怒爲是興
師而伐蔡蔡請救于吳子胥曰蔡非有罪楚無道
也君若有憂中國之心則若此時可矣爲是興師
而伐楚何以不言救也據實救蔡救大也夷狄漸進未同於中國
楚囊瓦出奔鄭知見伐由己故懼而出奔
庚辰吳入楚
傳曰入易無楚也易無楚者壞宗廟徙陳器撻平
王之墓鄭嗣曰陳器樂縣也禮諸侯軒縣言吳人壞楚宗廟徙其樂器鞭其君之尸楚無能抗禦之者若曰無人也○易以豉反縣音玄何以不言滅也據宗廟既毀樂器已徙則是滅也欲存楚也其欲存楚奈何昭王之軍敗而
逃父老送之曰寡人不肖亡先君之邑父老反矣
何憂無君寡人且用此入海矣父老曰有君如此
其賢也以衆不如吳以必死不如楚雍曰吳勝而驕楚敗而奮
相與擊之一夜而三敗吳人復立楚復立也何以謂之
吳也據戰稱于狄之也何謂狄之也君居其君之寢而
妻其君之妻大夫居其大夫之寢而妻其大夫之
妻蓋有欲妻楚王之母者不正乘敗人之績而深
爲利居人之國故反其狄道也

五年春王三月辛亥朔日有食之
夏歸粟于蔡蔡侯此年在楚又爲楚所伐饑故諸侯歸之粟
傳諸侯無粟諸侯相歸粟正也孰歸之諸侯也不
言歸之者專辭也不言歸之者主名若獨是魯也義邇也言此是邇近之事故不足具列諸侯
於越入吳舊說於越夷言也春秋即其所以自稱者書之見其不能慕中國故以本俗名自通
六月丙申季孫意如卒傳例曰大夫不日卒惡也意如逐昭公而日卒者明定之得立由乎意如春秋因定之不惡而書日以示譏亦猶公子翬非桓之罪人故於桓不貶○惡烏路反翬許韋反
秋七月壬子叔孫不敢卒
冬晉士鞅帥師圍鮮虞
六年春王正月癸亥鄭游速帥師滅許以許男斯歸
二月公侵鄭公至自侵鄭
夏季孫斯仲孫何忌如晉仲孫忌而曰仲孫何忌甯所未詳公羊傳曰譏二名
秋晉人執宋行人樂祁犂
冬城中城
傳城中城者三家張也大夫稱家三家仲孫叔孫季孫也三家僭張故公懼

而修內城譏公不務德政恃城以自固或曰非外民也
季孫斯仲孫忌帥師圍鄆
七年春王正月
夏四月
秋齊侯鄭伯盟于鹹
齊人執衛行人北宮結以侵衛
傳以重辭也衛人重北宮結齊以衛重結故執以侵之若楚執宋公以伐宋凡言以皆非所宜以
齊侯衛侯盟于沙沙地
大雩
齊國夏帥師伐我西鄙
九月大雩
冬十月
八年春王正月公侵齊公至自侵齊
二月公侵齊未得志故
三月公至自侵齊
傳公如往時致月危致也往月致時危往也往月致月惡之也○惡烏路反
曹伯露卒
夏齊國夏帥師伐我西鄙
公會晉師于瓦瓦衛地也
公至自瓦
秋七月戊辰陳侯柳卒
晉士鞅帥師侵鄭遂侵衛
葬曹靖公
九月葬陳懷公
季孫斯仲孫何忌帥師侵衛
冬衛侯鄭伯盟于曲濮曲濮衛地
從祀先公
傳貴復正也文公逆祀今還順
盜竊寶玉大弓
傳寶玉者封圭也始封之圭大弓者武王之戎弓也是武王征伐之弓周公受賜藏之魯周公受賜於周藏之魯者欲世世子孫無忘周德也非其所以與人而與人謂之亡亡失也非其所取而取之謂之盜

九年春王正月。

夏四月戊申鄭伯蠆卒。

○蠆，田邁反

得寶玉大弓。

杜預曰弓玉國之分器也得之足以爲榮失之足以爲辱故重而書之○分扶問反

傳 其不地何也。寶玉大弓在家則羞，不目羞也。國之大寶在家則羞也況陪臣專之乎恥甚而不目其地 惡得之。惡於何也○惡音烏 得之堤下。或曰陽虎以解衆也。

六月葬鄭獻公。

秋齊侯衛侯次于五氏。

五氏晉地

秦伯卒。

冬葬秦哀公。

十年春王三月及齊平。

平前八年再侵齊之怨

夏公會齊侯于頰谷。

○頰古協反左傳作夾谷

公至自頰谷。

傳 離會不致。雍曰二國會曰離各是其所是非其所非然則所是之是未必是所非之非未必非未必非者不能非人之真非未必是者不能是人之真是是非紛錯則未有是是非不同故曰離離則善惡無在善惡無在則不足致之于宗廟 何爲致也。危之也。危之則以地致何也。爲危之也。其危奈何。曰頰谷之會，孔子相焉。兩君就壇，兩相相揖。將欲行盟會之禮○爲危于僞反相焉息亮反下兩相同 齊人鼓譟而起，欲以執魯君。羣呼曰譟○譟素報反 孔子歷階而上，不盡一等，而視歸乎齊侯。階會壇之階 曰：兩君合好，夷狄之民何爲來。爲命司馬止之。兩君合會以結親好而齊人欲執魯君此無禮之甚故謂之夷狄之民司馬主兵之官使禦止之○好呼報反注同 齊侯逡巡而謝曰：寡人之過也。退而屬其二三大夫曰：夫人率其君與之行古人之道，二三子獨率我而入夷狄之俗，何爲。屬語也夫人謂孔子也齊人欲執魯君是夷狄之行○屬章欲反夫人音扶之行下孟反 罷會。齊人使優施舞於魯君之幕下。優俳施其名也幕帳欲嗤笑魯君○俳皮皆反嗤尺之反 孔子曰：笑君者罪當死。使司馬行法焉，首足異門而出。齊人來歸鄆讙龜陰之田者，蓋爲此也。何休曰齊侯自頰谷歸謂晏子曰寡人獲過於魯侯如之何晏子曰君子謝過以質小人謝過以文齊嘗侵魯四邑請皆還之○讙好官反蓋爲于僞反 因是以見雖有文事，必有武備。孔子於頰谷之會見之矣。

晉趙鞅帥師圍衛。

齊人來歸鄆讙龜陰之田。

叔孫州仇、仲孫何忌帥師圍郈。

秋叔孫州仇仲孫何忌帥師圍郈 郈叔孫氏邑○郈音后

宋樂大心出奔曹宋公子地出奔陳

冬齊侯衛侯鄭游速會于安甫 安甫地名

叔孫州仇如齊

宋公之弟辰暨宋仲佗石彄出奔陳 辰爲佗所强故曰暨○暨其器反佗大河反彄古侯反强其丈反

十有一年春宋公之弟辰及仲佗石彄公子地自陳入于蕭以叛

傳宋公之弟辰未失其弟也 言臣未有失其爲弟之道故書弟以罪宋公 及仲佗石彄公子地以尊及卑也自陳陳有奉焉爾入于蕭以叛 蕭宋邑 入者內弗受也以者不以也叛直叛也

夏四月

秋宋樂大心自曹入于蕭 入蕭從叛人叛可知故不書叛

冬及鄭平 平六年侵鄭之怨傳例曰盟不日者渝盟惡之也取夫詳略之義則平不日者亦有惡矣蓋不能相結以信

叔還如鄭蒞盟 ○還音旋

十有二年春薛伯定卒

夏葬薛襄公

叔孫州仇帥師墮郈

傳墮猶取也 陪臣專强違背公室恃城爲固是以叔孫墮其城若新得之故云墮墮猶取也墮非訓取言今但毀其城則郈未屬己若更取邑於他然○墮許規反背音佩

衛公孟彄帥師伐曹

季孫斯仲孫何忌帥師墮費 ○費音祕

秋大雩

冬十月癸亥公會齊侯盟于黃

十有一月丙寅朔日有食之

公至自黃

十有二月公圍成

傳非國言圍圍成大公也 以公之重而伐小邑則爲恥深矣故大公之事而言圍使若成是國然

公至自圍成

傳何以致危之也何危爾邊乎齊也 邊謂相接

十有三年春齊侯次于垂葭

○葭音加。

夏，築蛇淵囿。蛇淵，地名。

大蒐于比蒲。○比音毗。

衞公孟彄帥師伐曹。

秋，晉趙鞅入于晉陽以叛。

傳 以者，不以者也。叛，直叛也。

冬，晉荀寅、士吉射入于朝歌以叛。○射食夜反，又食亦反。

晉趙鞅歸于晉。

傳 此叛也，其以歸言之何也？據叛惡而歸善。貴其以地反也。貴其以地反，則是大利也。非大利也，許悔過也。許悔過，則何以言叛也？以地正國也。地謂晉陽也。蓋以晉陽之以地正國，則何以言叛？據是善事。兵還正國也。公羊傳曰：逐君側之惡人。其入無君命也。凱曰：專入晉陽以興兵甲，故不得不言叛；實以驅惡而安君，則釋兵不得不言歸，春秋善惡必著之義。

薛弒其君比。○比必履反，又毗志反。

十有四年，春，衞公叔戌來奔。

晉趙陽出奔宋。○晉趙陽，左氏作衞趙陽。

二月辛巳，楚公子結、陳公孫佗人帥師滅頓，以頓子牂歸。○佗徒河反，又如字。牂作郎反。

夏，衞北宮結來奔。

五月，於越敗吳于檇李。檇李，吳地。○檇音醉。

吳子光卒。

公會齊侯、衞侯于牽。牽，地。

公至自會。

秋，齊侯、宋公會于洮。○洮他刀反。

天王使石尚來歸脤。脤，祭肉。天子祭畢，以之賜同姓諸侯，親兄弟之國，與之共福。○脤市軫反。

傳 脤者何也？俎實也，祭肉也。生曰脤，熟曰膰。其辭石尚，士也。辭猶書也。○膰音煩。何以知其士也？天子之大夫不名。石尚欲書春秋，欲著名于春秋。諫曰：久矣，周之不行禮於魯也，請行脤。貴復正也。

衛世子蒯聵出奔宋。

衛公孟彄出奔鄭。

宋公之弟辰自蕭來奔。稱弟，猶未失爲弟之行。○行，下孟反。

大蒐於比蒲。

邾子來會公。會公于比蒲。

城莒父及霄。無冬，闕所未詳。

十有五年春王正月，邾子來朝。

鼷鼠食郊牛，牛死，改卜牛。不言所食，食非一處而至死。○鼷音兮。

傳 不敬莫大焉。定公不敬最大，故天災最甚。

二月辛丑，楚子滅胡，以胡子豹歸。

夏五月辛亥，郊。譏不時也。

壬申，公薨于高寢。高寢，宮名。

傳 高寢，非正也。

鄭罕達帥師伐宋。

齊侯、衛侯次于渠蒢。渠蒢，地也。○蒢，直居反。

邾子來奔喪。

傳 喪急，故以奔言之。

秋七月壬申，弋氏卒。○弋氏，左氏作姒氏。

傳 妾辭也。不言夫人，譏。哀公之母也。

八月庚辰朔，日有食之。

九月，滕子來會葬。邾、滕，魯之屬國，近則來奔喪，遠則來會葬。於長帥之喪，同之王者，書非禮。○長，丁丈反。帥，所類反。

丁巳，葬我君定公，雨，不克葬。

傳 葬既有日，不爲雨止，禮也。雨不克葬，喪不以制也。

戊午，日下稷，乃克葬。稷，昃也。下昃，謂晡時。○稷，左氏作昃。晡，布吳反。

傳 乃，急辭也，不足乎日之辭也。宣八年注詳矣。

辛巳，葬定弋。○定弋，左氏作定姒。

冬，城漆。

春秋穀梁傳卷十九

春秋穀梁傳卷二十

晉豫章太守順陽范　甯集解

明　後學　東吳葛　鼒較訂

哀公

元年。春。王正月。公即位。

楚子。陳侯。隨侯。許男圍蔡。（隨久不見者，衰微也。稱侯者，本爵俱侯，土地見侵削，故微爾。定六年鄭滅許，今復見者，自復也。○見，賢遍反，下同。復，扶又反。）

鼷鼠食郊牛角。改卜牛。夏四月辛巳。郊。

傳 此該之變而道之也。（該，備也。春秋書郊終於此，故於此備說郊之變。變謂郊非其時，或牲被災害。）於變之中又有言焉。（於災變之中，又有可善而言者。）鼷鼠食郊牛角。改卜牛。志不敬也。郊牛日展斛角而知傷。展道盡矣。（展道雖盡，所以備災之道不盡，譏哀公不敬，故致天變。○斛音糾，又音求。）郊自正月至于三月。郊之時也。夏四月郊。不時也。五月郊。不時也。夏之始可以承春。以秋之末承春之始。蓋不可矣。（凱曰：不時之中有差劇也。夏始承春，方秋之末，猶爲可也。）九月用郊。用者不宜用者也。（在成十七年。）郊三卜。禮也。（以十二月下辛卜正月上辛，如不從，則以正月下辛卜二月上辛，如不從，則以二月下辛卜三月上辛，所謂三卜也。鄭嗣曰：謂下一辛而三也。求吉之道三，故曰禮也。）四卜。非禮也。（僖三十一年，襄十一年，皆四卜。）五卜。強也。（成十年五卜。）卜免牲者。吉則免。之不吉則否。牛傷不言傷之者。傷自牛作也。故其辭緩。（宣三年郊牛之口傷，以牛自傷，故加之言緩辭。）全曰牲。傷曰牛。未牲曰牛。其牛一也。其所以爲牛者異。（已卜日成牲而傷之曰牛，未卜日未成牲之牛，二者不同。）有變而不郊。故卜免牛也。已牛矣。其尚卜免之。何也。（災傷不復以郊，怪復卜免之。）禮。與其亡也寧有。（於禮，有卜之與無卜，寧有卜。）嘗置之上帝矣。故卜而後免之。不敢專也。（嘗置之滌宮，名之爲上帝牲矣，故不敢擅施也。）卜之不吉。則如之何。不免。安置之。繫而待六月上甲始庀牲。然後左右之。（庀，具也。待具後牲，然後左右前牛，皆我用之。不復須卜，已有新牲故也。周禮曰：司門掌授管鍵，以啟閉國門，祭祀之牛牲繫焉。然則未左右時，監門者養之。）子之所言者。牲之變也。而曰我一該郊之變而道之。何也。我以六月上甲始庀牲。十月上甲始繫牲。十一月。十二月。牲雖有變。不道也。（牲有變則改卜牛，以不妨郊事，故不言其變。）待正月。然後言牲之變。此乃所以該郊。（至郊時然後言其變，重其妨郊也。十二月不道，自前可知也；至正月然後道，則二月三月亦可知也。此所以該郊，言其變道盡。）郊享道也。貴其時。大其禮。其養牲雖小不備可也。（享者，飲食之道。牲有變則改卜牛，郊日已逼，庀繫之禮雖小不備，合時得禮，用之可也。）子不忘三月卜郊。何也。（三月謂十二月、正月、二月也。）郊自正月至于三月。郊之時也。（有變乃志，常事不書。）我以十二月下辛卜正月上辛。如不從。則以正月下辛卜二月上辛。如不從。則

以二月下辛卜三月上辛如不從則不郊矣意欲郊而卜不吉故曰不從郊必用上辛者取其新潔莫先也

秋齊侯衛侯伐晉

冬仲孫何忌帥師伐邾

二年春王二月季孫斯叔孫州仇仲孫何忌帥師伐邾取漷東田及沂西田○漷火號反又音郭

傳取漷東田漷東未盡也及沂西田沂西未盡也漷沂皆水名邵曰以其言東西則知其未盡也

癸巳叔孫州仇仲孫何忌及邾子盟于句繹句繹邾地○句古侯反

傳三人伐而二人盟何也各盟其得也季孫不得田故不與盟○與音預

夏四月丙子衛侯元卒

滕子來朝

晉趙鞅帥師納衛世子蒯聵于戚鄭君曰蒯聵欲殺母靈公廢之是也若君薨有反國之道當稱子某如齊子糾也今稱世子如君存是春秋不與蒯聵得反立明矣江熙曰鄭世子忽反正有明文子糾但於公子爲貴非世子也

傳納者內弗受也帥師而後納者有伐也何用弗受也以輒不受也以輒不受父之命受之王父也信父而辭王父則是不尊王父也其弗受以尊王父也甯不達此義江熙曰齊景公廢世子世子還國書篡若靈公廢蒯聵立輒則蒯聵不得復稱篡曰世子也稱蒯聵爲世子則靈公不命輒審矣此矛楯之喻也然則從王父之言傳似失矣經云納衛世子鄭世子忽復歸于鄭稱世子明正也明正則拒之者非邪○信父音申復扶又反矛五侯反本又作鉾楯常允反又音允

秋八月甲戌晉趙鞅帥師及鄭罕達帥師戰于鐵鐵衛地

鄭師敗績

冬十月葬衛靈公七月葬蒯聵之亂故也

十有一月蔡遷于州來蔡殺其大夫公子駟

三年春齊國夏衛石曼姑帥師圍戚

傳此衛事也其先國夏何也子不圍父也不繫戚於衛者子不有父也江熙曰國夏首兵則應言衛戚今不言者辟子有父也子有父者戚繫衛則爲大夫屬于衛子圍父者謂人倫之道絕故以齊首之○辟音避

夏四月甲午地震

五月辛卯桓宮僖宮災

傳言及則祖有尊卑解經不言及傳由我言之則一也遠祖恩無差降如一故不言及

季孫斯叔孫州仇帥師城啓陽

稱帥師，有難。○難，乃旦反。

宋樂髡帥師伐曹。

秋七月丙子，季孫斯卒。

蔡人放其大夫公孫獵于吴。宣元年，晉放其大夫胥甲父于衛。傳曰：稱國以放，放無罪也。然則稱人以放，放有罪也。

冬十月癸卯，秦伯卒。

叔孫州仇、仲孫何忌帥師圍邾。

四年春王二月庚戌，盜弑蔡侯申。

【傳】稱盜以弑君，不以上下道道也。以上下道道者，若衛祝吁弑其君完之類，是直稱盜，不在人倫之序。內其君而外弑者，不以弑道道也。襄七年，鄭伯將會中國，其臣欲從楚，不勝，其臣殺而死。不使夷狄之民加乎中國之君，故曰鄭伯髡原如會，未見諸侯，丙戌，卒于操。是不以弑道道也。春秋有三盜：微殺大夫謂之盜，十三年冬，盜殺陳夏區夫是。○區，烏侯反。非所取而取之謂之盜，定八年，陽貨取寶玉大弓是。辟中國之正道以襲利謂之盜。即殺蔡侯申者，是非微者也。○辟中，音避。

蔡公孫辰出奔吴。

葬秦惠公。

宋人執小邾子。

夏，蔡殺其大夫公孫姓、公孫霍。

晉人執戎蠻子赤歸于楚。

城西郛。郛，郭也。○郛，音孚。

六月辛丑，亳社災。殷都于亳，武王克紂而班列其社于諸侯，以為亡國之戒。劉向曰：災亳社，戒人君縱恣不能警戒之象。

【傳】亳社者，亳之社也。亳，亡國也。亳即殷也，殷都于亳，故因謂之亳社。亡國之社以為廟屏戒也。立亳之社於廟之外，以為屏蔽，取其不得通天。人君瞻之而致戒心。其屋亡國之社，不得達上也。必為之作屋，不使上通天也。緣有屋，故言災。

秋八月甲寅，滕子結卒。

冬十有二月，葬蔡昭公。不書弑君之賊而昭公書葬，既謂之盜，若殺微賤小人，不足錄之。

葬滕頃公。

五年春，城毗。

夏，齊侯伐宋。

晉趙鞅帥師伐衛。

秋九月癸酉，齊侯杵臼卒。

冬，叔還如齊。

閏月，葬齊景公。

【傳】不正其閏也。閏月，附月之餘日，喪事不數。

六年春城邾瑕。
晉趙鞅帥師伐鮮虞。
吳伐陳。
夏齊國夏及高張來奔。
叔還會吳于柤。
秋七月庚寅楚子軫卒。
齊陽生入于齊齊陳乞弒其君荼。不日，荼不正也。○荼音舒，又音徒。
傳陽生入而弒其君以陳乞主之何也不以陽生君荼也其不以陽生君荼何也陽生正荼不正不正則其曰君何也荼雖不正已受命矣已受命于景公而立，故可言君。入者內弗受也荼不正何用弗受以其受命可以言弗受也先君已命立之，於義可以拒之。陽生其以國氏何也取國于荼也何休曰：卽不使陽生以荼爲君，不當去公子見當國也。又以穀梁以爲國氏者取國于荼，齊小白又不取國于糾，無乃近自相反乎？鄭君釋之曰：陽生篡國，故不言公子，乃不使君荼，謂書陳乞弒君爾。荼與小白其事相似，荼弒乃後立，小白立乃後弒，雖然俱篡國而受國焉爾。傳曰「齊小白入于齊，惡之也」，「陽生其以國氏何取國于荼也」，義適互相足，又何自反乎？于糾宜立，而小白篡之，非受國于子糾則將誰乎？○當去起呂反，惡之烏路反。
冬仲孫何忌帥師伐邾。
宋向巢帥師伐曹。

七年春宋皇瑗帥師侵鄭。○瑗于眷反。
晉魏曼多帥師侵衛。
夏公會吳于鄫。○鄫在陵反。
秋公伐邾八月己酉入邾以邾子益來。
傳以者不以者也夫諸侯有罪，伯者雖執，猶以既于京師。魯非霸主而擅相執錄，故曰以，表惡之。○惡烏路反，傳及注同。益之名惡也惡其不能死社稷。春秋有臨天下之言焉徐乾曰：臨者，撫有之也。王者無外，以天下爲家，盡其有也。有臨一國之言焉諸侯之臨國，亦得有之，如上於天下。有臨一家之言焉大夫臨家，猶諸侯臨國。其言來者有外魯之辭焉非己內有，從外來者曰來。今魯侯身自以歸而曰來，是外之也。
宋人圍曹。
冬鄭駟弘帥師救曹。
八年春王正月宋公入曹以曹伯陽歸。
吳伐我。
夏齊人取讙及闡。宣九年傳曰：內不言取，言取，授之也，以是爲賂齊。此言取，蓋亦賂也。魯前年伐邾，以邾子益來，益，齊之甥也，畏齊，故賂之。
傳惡內也。

歸邾子益于邾。侵齊故也。

【傳】益之名，失國也。於王法當絕故。

秋七月。

冬十有二月癸亥，杞伯過卒。○過音戈。

齊人歸讙及闡。凱曰：歸邾子，故亦還其賂。

九年春王二月，葬杞僖公。

宋皇瑗帥師取鄭師于雍丘。雍邱，地也。○雍，於用反。

【傳】取，易辭也。以師而易取，鄭病矣。以師之重，而宋以易得之辭言之，則鄭師將劣矣。○易，以豉反。將，子佐反。

夏，楚人伐陳。

秋，宋公伐鄭。

冬十月。

十年春王二月，邾子益來奔。

公會吳伐齊。

三月戊戌，齊侯陽生卒。

夏，宋人伐鄭。

晉趙鞅帥師侵齊。

五月，公至自伐齊。傳例曰：惡事不致。公會夷狄伐齊之喪，而致之何也？莊六年公至自伐衛，傳曰：不致，則無以見公惡事之成也。將宜從此之例。

葬齊悼公。

衛公孟彄自齊歸于衛。○彄，苦侯反。

薛伯夷卒。

秋，葬薛惠公。

冬，楚公子結帥師伐陳，吳救陳。

十有一年春，齊國書帥師伐我。

夏，陳轅頗出奔鄭。

五月，公會吳伐齊。甲戌，齊國書帥師及吳戰于艾陵，齊師敗績，獲齊國書。與華元同義。艾陵，齊地。○艾，五蓋反。

秋七月辛酉，滕子虞母卒。

冬十有一月，葬滕隱公。

衛世叔齊出奔宋。

十有二年春，用田賦。古者九夫為井，十六井為丘，丘賦之法，因其田財通共出馬一匹，牛三頭。今別其田及家財各出此

賦言用者非所宜用

傳古者公田什一用田賦非正也古者五口之家受田百畝爲官田十畝是爲私得其什而官稅其一故曰什一周謂之徹殷謂之助夏謂之貢其實一也皆通法也今乃棄中平之法而田財並賦言其賦民甚矣○爲官于僞反

夏五月甲辰孟子卒

傳孟子者何也昭公夫人也其不言夫人何也諱取同姓也葬當書姓諱故亦不書葬○取如字又七住反

公會吳于橐皋橐皋某地

秋公會衛侯宋皇瑗于鄖鄖某地○鄖音云

宋向巢帥師伐鄭

冬十有二月螽○螽音終

十有三年春鄭罕達帥師取宋師于嵒○嵒五咸反

傳取易辭也以師而易取宋病矣

夏許男成卒

公會晉侯及吳子于黃池及者書尊及卑也黃池某地

傳黃池之會吳子進乎哉遂子矣進遂稱子吳夷狄之國也祝髮文身祝斷也文身刻畫其身以爲文也必自殘毀者以辟蛟龍之害○斷音短辟音避欲因魯之禮因晉之權而請冠端而襲襲衣冠端玄端其藉于成周藉謂貢獻以尊天王吳進矣吳東方之大國也累累致小國以會諸侯以合乎中國累累猶數數也○數所角反吳能爲之則不臣乎言其臣也吳進矣王尊稱也子卑稱也辭尊稱而居卑稱以會乎諸侯以尊天王吳王夫差曰好冠來孔子曰大矣哉夫差未能言冠而欲冠也不知冠有差等唯欲好冠○夫差音扶

楚公子申帥師伐陳

於越入吳

秋公至自會吳進稱子又會晉侯故致也

晉魏曼多帥師侵衛

葬許元公

九月螽

冬十有一月有星孛于東方不書所孛之星而曰東方者日方見孛衆星皆沒故○孛音佩

盜殺陳夏區夫傳例曰微殺大夫謂之盜○區烏侯反

十有二月。螽。

十有四年。春。西狩獲麟。

杜預曰孔子曰文王既沒文不在茲乎此制作之本旨又曰鳳鳥不至河不出圖吾已矣夫斯不王之明文矣夫關雎之化王者之風麟之趾關雎之應也然則斯麟之來歸於王德者矣春秋之文廣大義備始於隱公道終於獲麟○夫音扶不王于況反下王德同

傳引取之也。言引取之解經言獲也傳例曰諸獲者皆不與也故今言獲麟自爲孔子來魯引而取之亦不與魯之辭也○爲于僞反狩地不地。不狩也。非狩而曰狩。大獲麟。故大其適也。適猶如也之也非狩而言狩大得麟故以大所如者名之也且實狩當言冬不當言春其不言來。不外麟於中國也。其不言有。不使麟不恒於中國也。雍曰中國者蓋禮義之鄉聖賢之宅軌儀表於遐荒道風扇於不朽麒麟步郊不爲暫有鸞鳳栖林非爲權來雖時道喪猶若不喪雖麟一降猶若其常鸜鵒非魯之常禽螽蜮非祥瑞之嘉虫故經書其有以非常有此所以取貴于中國春秋之意義也○喪息浪反鸜音權又音劬鵒音欲蜮音或

春秋穀梁傳卷二十